진짜 쉽고 재밌게 그림 그리기!

진짜 쉽고 재밌게 그림 그리기!

초판 인쇄일 2025년 12월 30일
초판 발행일 2026년 1월 16일

지은이 전은혜(랄라제이)
발행인 박정모
발행처 도서출판 혜지원
등록번호 제9-295호
주소 경기도 파주시 회동길 445-4(문발동 638) 302호
전화 031)955-9221~5
팩스 031)955-9220
홈페이지 www.hyejiwon.co.kr 인스타그램 @hyejiwonbooks

기획·진행 박혜지
디자인 김보리
영업마케팅 김준범, 서지영
ISBN 979-11-6764-093-2
정가 18,000원

동그라미, 세모, 네모로 시작하는

첫 그림 놀이

진짜 쉽고 재밌게 그림 그리기!

전은혜(랄라제이) 지음

혜지원

머리말

안녕하세요.

저는 일러스트레이터이자 디자이너로 활동하며, 주말마다 유튜브 채널 〈랄라제이의 초간단 그림그리기〉를 통해 간단한 그림 그리는 방법을 소개하고 있습니다.

어렸을 때 사촌 언니와 함께 빈 종이에 그림을 하나씩 그려가며 이야기를 만들어 나가던 시간은 저에게 아주 소중한 추억입니다. 그림을 그리는 동안 상상의 나래를 마음껏 펼치고, 자유롭게 감정을 표현할 수 있었죠. 저에게 그림은 언제나 또 다른 세계로 향하는 즐거운 여행이었습니다. 그래서인지, 지금도 아이들과 함께 그림을 그리는 시간이 무엇보다 소중하게 느껴집니다.

하지만 어른이 된 우리는 어느 순간부터 그림을 '잘 그려야 한다'는 부담을 느끼곤 합니다. 아이가 "이거 그려 주세요"라고 말할 때, "나는 그림을 못 그려서…"라며 망설이거나, 어떻게 시작해야 할지 막막해 하는 분들을 자주 봅니다.

저는 그런 분들께 그림이 조금 더 쉽고, 무엇보다 즐거운 놀이가 되기를 바라는 마음으로 이 책을 만들었습니다. 그림을 잘 그리지 않아도 괜찮습니다. 나만의 그림이 얼마나 멋진 작품이 될 수 있는지, 아이들과 함께 그리는 시간이 얼마나 따뜻한 순간이 될 수 있는지 알려드리고 싶었습니다.

이 책 속의 그림들은 누구나 금세 따라 그릴 수 있는 간단한 그림들로 구성되어 있습니다. 어렵지 않게 응용도 할 수 있도록 구성했어요. 완벽하지 않아도 괜찮습니다. 천천히 한 장씩 따라 그리다 보면, 어느새 그림이 여러분의 일상에 작은 즐거움이 되어줄 거예요. 이 책이 그림에 대한 부담은 내려놓고, 아이들과 함께 웃으며 그리는 시간이 되길 진심으로 바랍니다.

마지막으로, '랄라제이'의 그림이 이렇게 멋진 책으로 세상에 나올 수 있도록 따뜻하게 이끌어 주신 편집장님께 깊이 감사드립니다.

그리고 언제나 저를 선한 길로 인도하시는 하나님께 감사드리며, 저의 첫 번째 구독자이자 늘 따뜻한 응원을 보내주는 사랑하는 가족에게 마음 깊이 사랑을 전합니다.

전은혜(랄라제이)

이 책의 활용법

빈 종이에 그림을 그리는 게 막막할 때, 간단한 도형에서 출발해 자연스럽게 완성 그림으로 이어지는 과정을 따라가 보세요.

그림 그리기, 이렇게 활용해 보세요!

STEP 01 도형을 먼저 살펴보기

가장 먼저 그림의 바탕이 되는 기본 도형(동그라미, 세모, 네모 등) 을 확인해요.
복잡한 그림도 간단한 도형에서 시작된다는 걸 알 수 있어요.

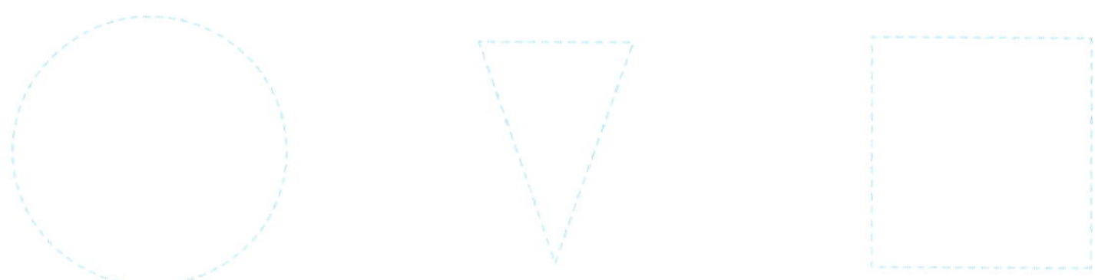

동그라미 세모 네모

STEP 02 도형을 그려보기

연필로 연하게 기본 도형을 따라 그려 보거나, 머릿속으로 떠올려도 좋아요.
처음엔 천천히, 편안하게 따라 그려 보세요.

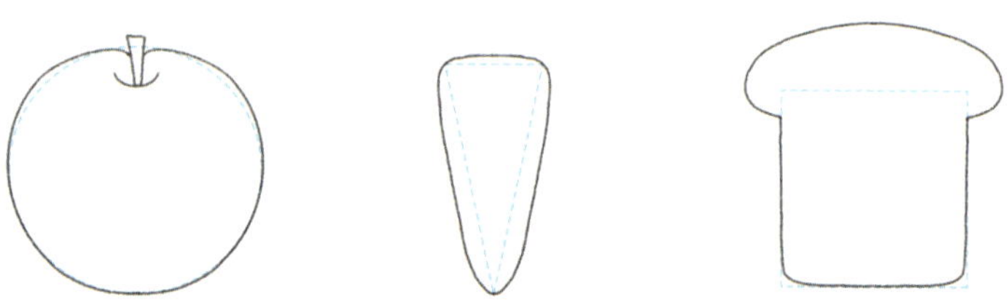

STEP 03 단계별로 따라 그리기

그림은 1단계부터 6단계까지 나누어져 있어요.

각 단계는 아주 짧고 단순한 변화로 구성되어, 아이도 쉽게 따라 할 수 있어요.

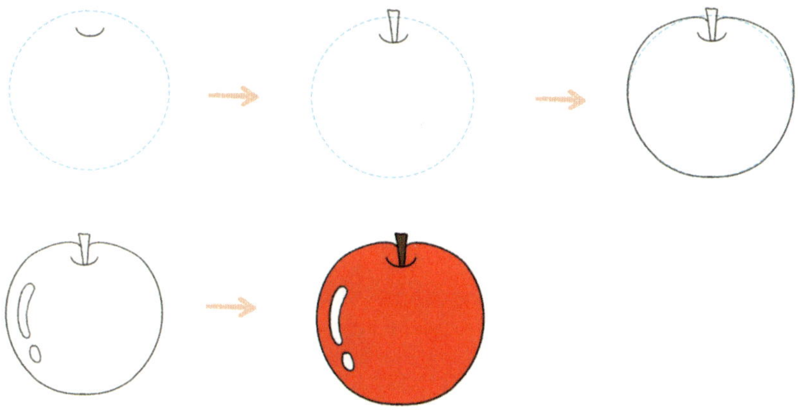

STEP 04 주제에 맞게 골라 그리기

그림은 총 6가지 주제(음식, 자연, 사물, 동물, 탈것, 인물) 로 구성되어 있어요.

아이의 관심사에 따라 자유롭게 원하는 그림을 선택해 보세요.

STEP 05 부담 없이 자유롭게

완벽하게 그릴 필요는 없어요! 틀려도 괜찮고, 조금 달라도 좋아요.

그림 그리는 과정 자체를 즐기는 것이 가장 중요해요.

목차

PART. 1 음식

PART. 2 자연

PART. 3 사물

PART. 4 동물

PART. 5

탈 것

PART. 6

인물

도안 스케치

혜지원 홈페이지에서 도안 스케치를 다운로드해 활용해 보세요.

❶ 혜지원 홈페이지(www.hyejiwon.co.kr) 접속 ▶ ❷ 검색 창에 **진짜 쉽고 재밌게 그림 그리기!** 입력 ▶ ❸ 페이지 하단의 **다운로드 탭**에서 **파일 다운로드** 클릭

01 사과
02 복숭아
03 바나나
04 딸기
05 수박
06 조각 수박
07 오렌지
08 체리
09 감
10 파인애플
11 아보카도
12 포도
13 참외
14 토마토
15 방울토마토
16 오이
17 당근
18 버섯
19 호박
20 고구마
21 파프리카
22 크루아상
23 식빵
24 조각 케이크
25 홀 케이크
26 머핀
27 와플
28 햄버거
29 피자
30 붕어빵
31 아이스크림 1
32 아이스크림 2
33 아이스크림 3
34 빙수
35 사탕
36 막대사탕
37 주스
38 김밥
39 약과
40 핫도그

PART. 1

음식

CHAPTER 01-02

사과&복숭아

사과

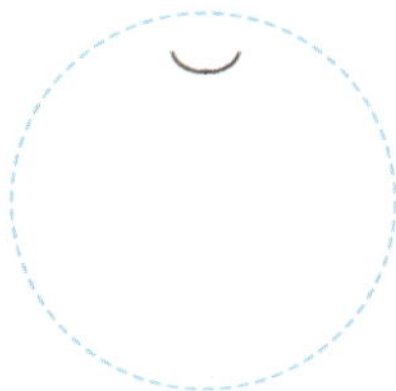

❶ 동그라미 모양을 떠올린 다음 움푹 파인 곡선을 그려요.

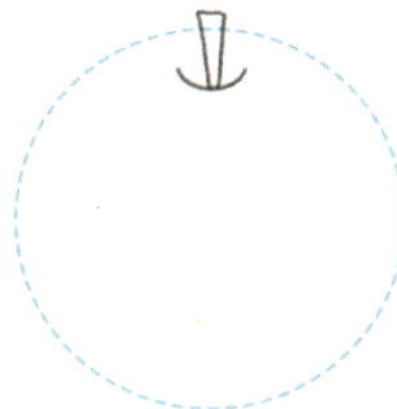

❷ 곡선 위에 사과 꼭지를 그려요.

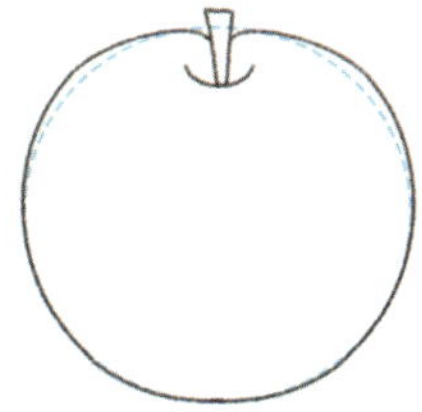

❸ 위쪽이 봉긋한 동그라미를 그려요.

❹ 사과의 광택을 그려요.

완성

복숭아

❶ 동그라미 모양을 떠올려 보아요.

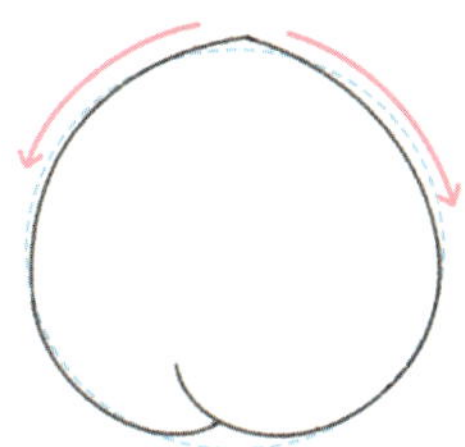

❷ 아래쪽이 겹쳐진 동그라미를 그려요.

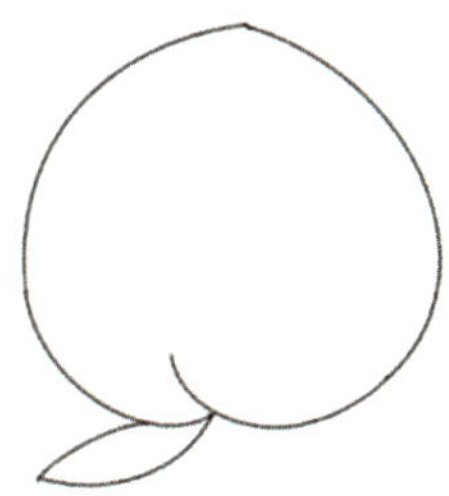

❸ 잎사귀를 그려요.

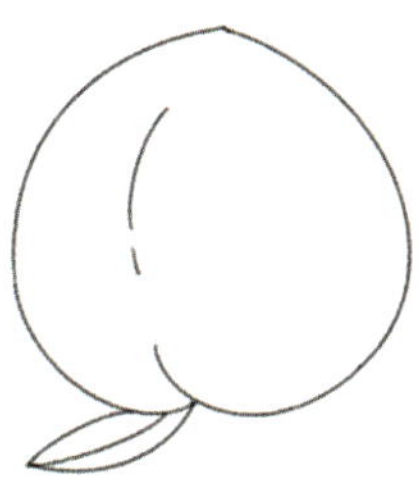

❹ 잎사귀의 중심선과 복숭아 추가선을 그려요.

완성

CHAPTER 03-04

바나나&딸기

바나나

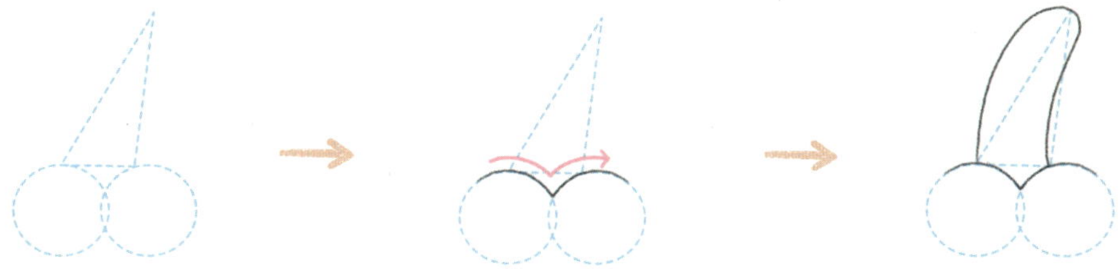

❶ 세모 모양 한 개와 동그라미 모양 두 개를 떠올려 보아요.

❷ 작은 동그라미 두 개를 곡선으로 연결하여 그려요.

❸ 곡선 사이에서 세모 모양을 따라 휘어진 둥근 바나나를 그려요.

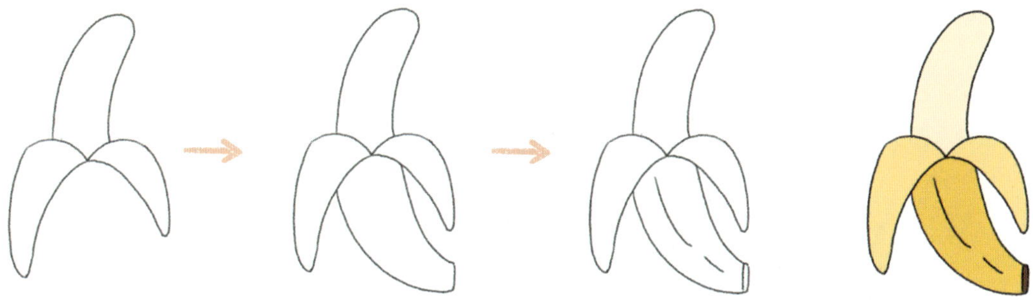

❹ 두 곡선에서 아래로 벗겨진 바나나 껍질을 그려요.

❺ 벗겨진 껍질 아래에 옆으로 휘어진 바나나를 그려요.

❻ 바나나 아래쪽에 껍질과 꼭지에 선을 추가해 주세요.

완성

딸기

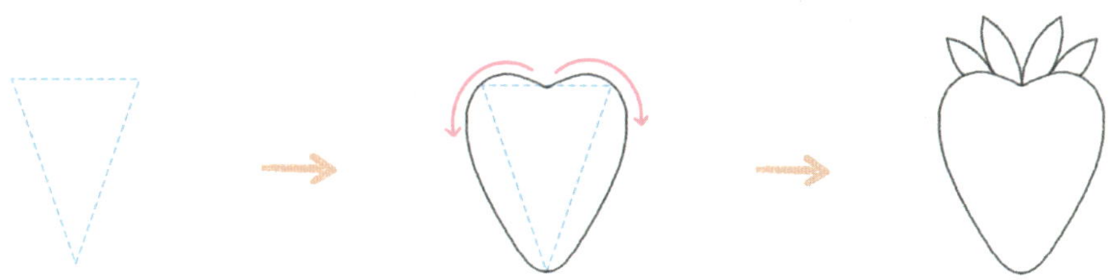

❶ 세모 모양을 떠올려 보아요.

❷ 세모의 모서리를 둥글게 감싸며 딸기 모양을 그려요.

❸ 위쪽에 딸기 꼭지를 그려요.

❹ 작은 물방울 모양으로 딸기 씨를 그려요.

완성

CHAPTER 05-06

수박&조각 수박

수박

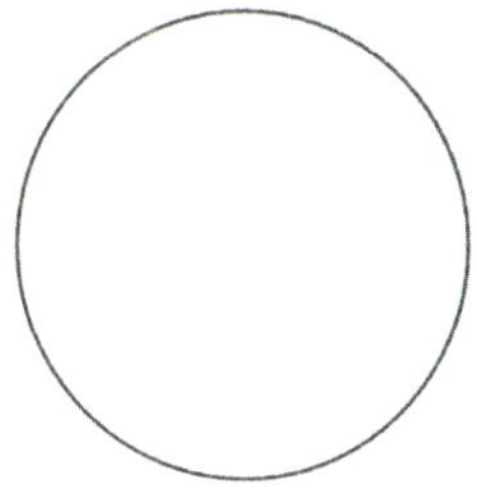

1 동그라미 모양을 떠올린 다음 그려 보아요.

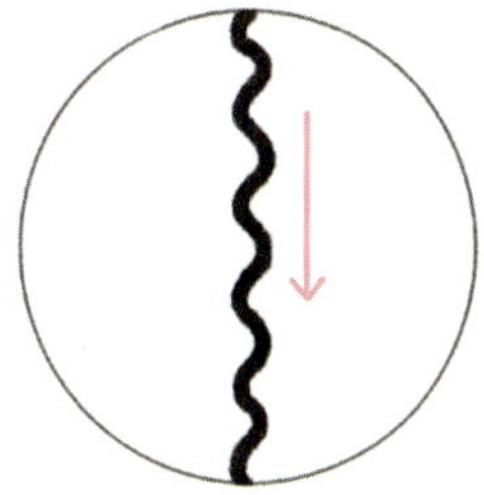

2 가운데 굵은 선으로 구불거리는 곡선을 그려요.

3 가운데 선을 중심으로 양쪽 옆에 구불거리는 곡선을 그려요.

4 수박 꼭지를 그려요.

5 꼭지 옆에 곡선으로 말려 있는 줄기를 그려요.

완성

조각 수박

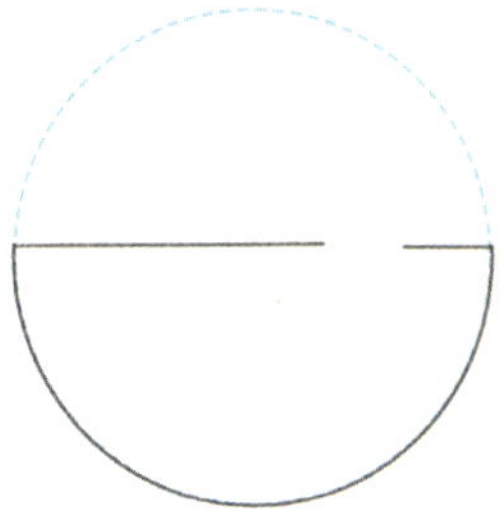

1 동그라미 모양을 떠올린 다음 위쪽에 작은 공간을 비워 두고 반원을 그려요.

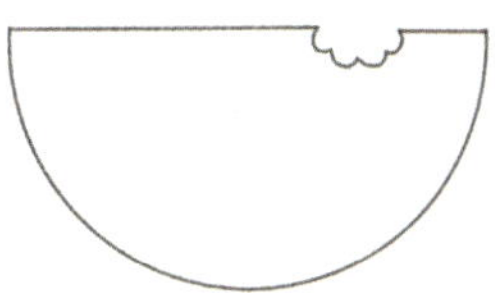

2 작은 곡선을 이어서 한입 먹은 이빨 모양을 그려요.

3 반원 위쪽에 곡선이 겹쳐지도록 그려요.

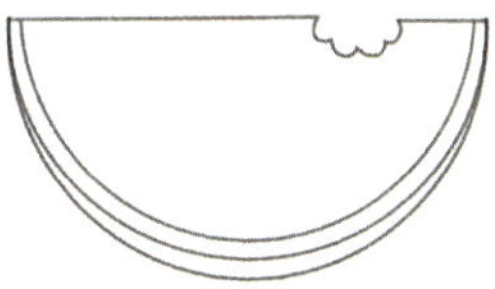

4 아래쪽에 반원을 그려서 껍질과 속을 나누어 주세요.

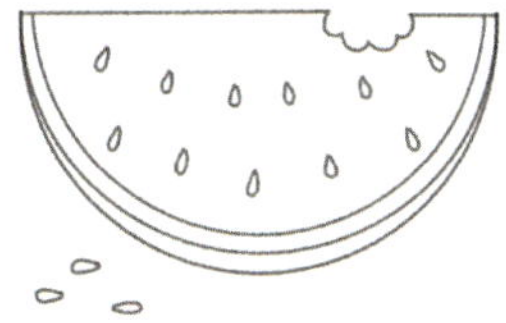

5 수박씨를 수박과 그 옆에 그려요.

완성

CHAPTER 07-08

오렌지&체리

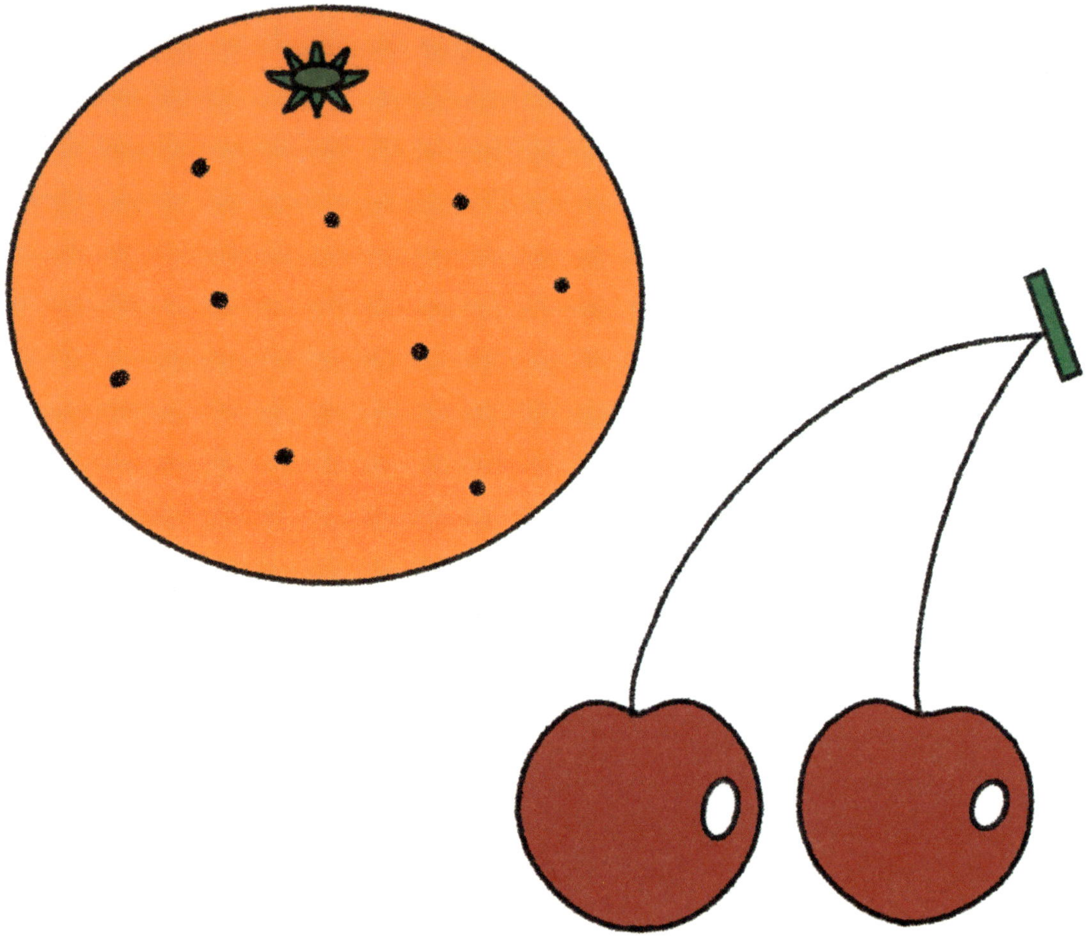

오렌지

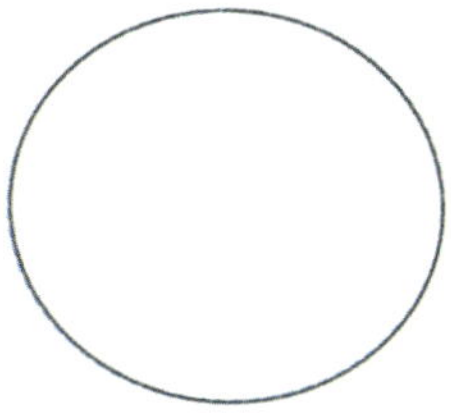

❶ 동그라미 모양을 떠올린 다음
그려 보아요.

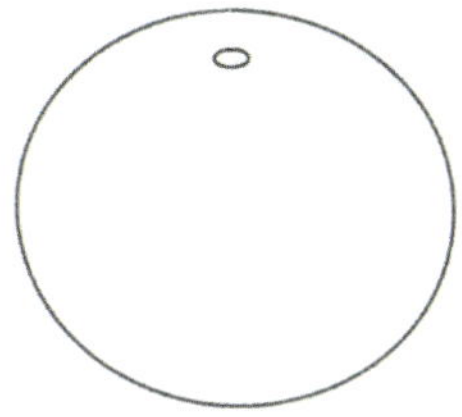

❷ 위쪽에 작은 동그라미를
그려요.

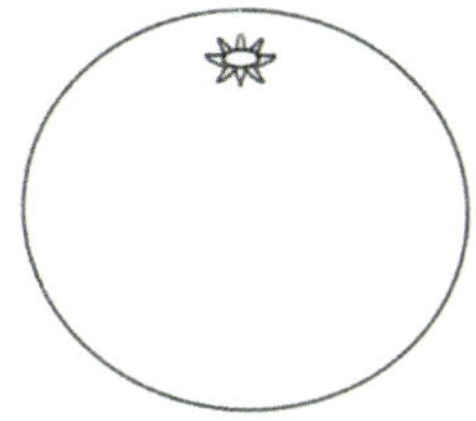

❸ 작은 동그라미 주변에 뾰족한
선을 둥글게 연결하여 꼭지를 그려요.

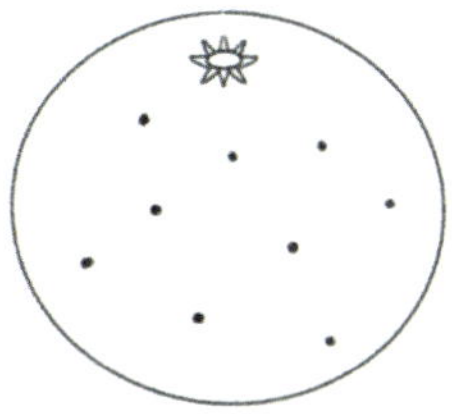

❹ 껍질에 동그란 점을
찍어 주세요.

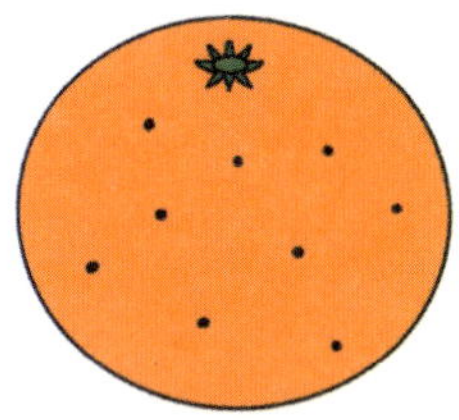

완성

체리

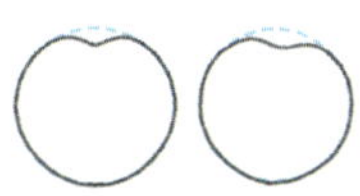

❶ 동그라미 모양 두 개를
떠올린 다음 위쪽이 안으로 파인
동그라미를 두 개 그려요.

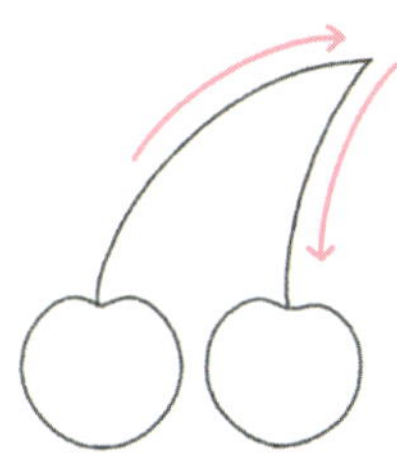

❷ 곡 선 두 개를 연결하여
체리 꼭지를 그려요.

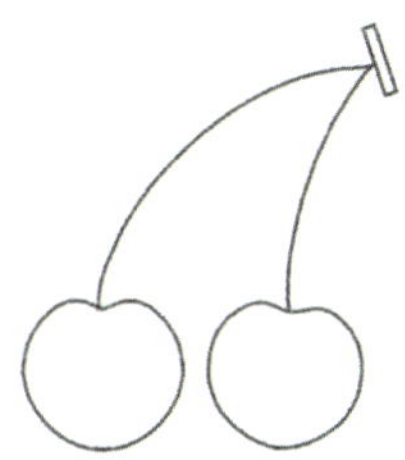

❸ 체리 꼭지 끝에 네모를 그려요.

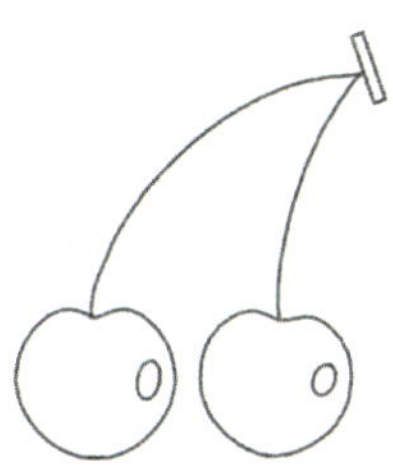

❹ 체리 열매에 작은 동그라미로
광택을 그려요.

완성

CHAPTER 09-10

감&파인애플

감

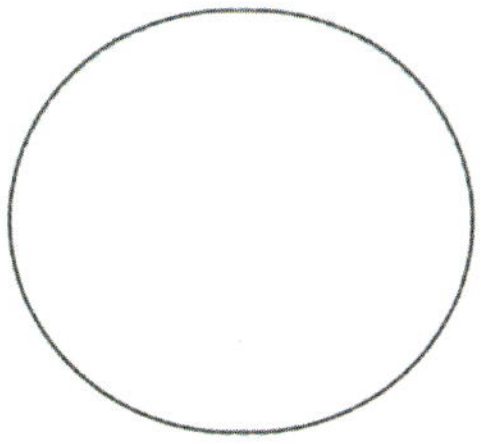

❶ 동그라미 모양을 떠올린 다음 그려 보아요.

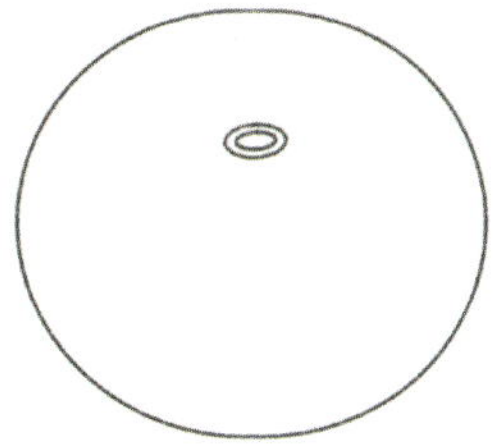

❷ 작은 동그라미를 두 개 그려요.

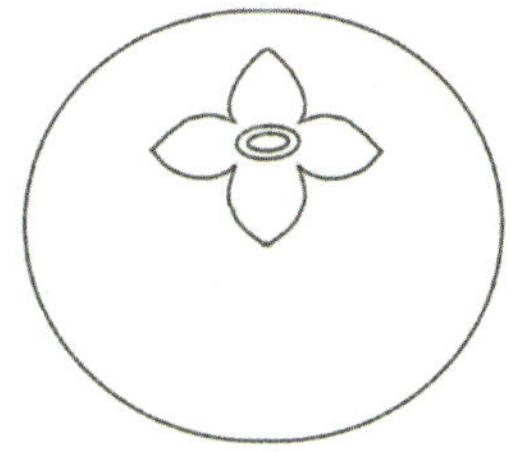

❸ 동그라미 주변에 잎사귀 모양을 그려 감 꼭지를 그려요.

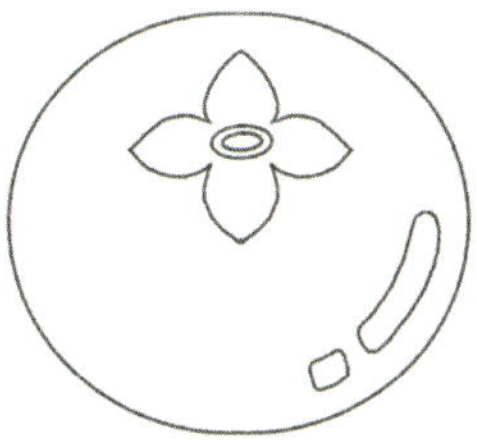

❹ 느낌표 모양으로 광택을 그려요.

완성

파인애플

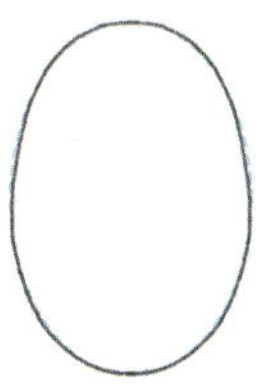

❶ 동그라미 모양을 떠올린 다음 그려 보아요.

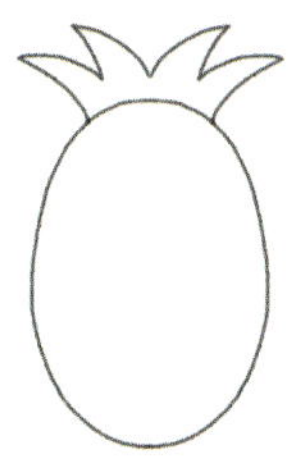

❷ 동그라미 위쪽에 뾰족한 모양의 잎을 그려요.

❸ 잎 위에 뾰족한 잎을 두 번 겹쳐서 그려요.

❹ 동그라미 안쪽에 격자무늬를 그려요.

❺ 격자무늬 사이마다 동그란 점을 그려요.

완성

CHAPTER 11-12

아보카도&포도

아보카도

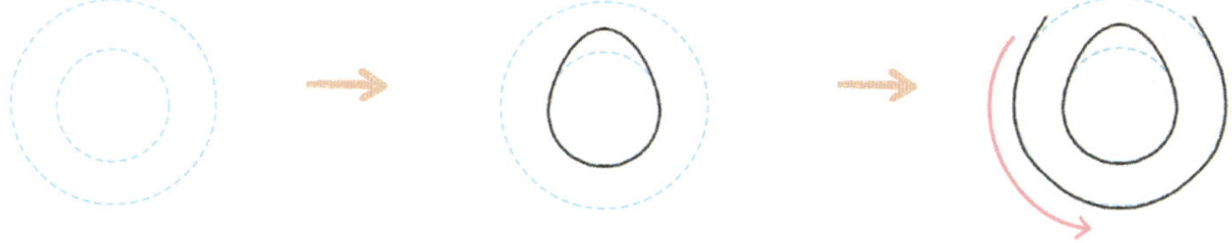

1 동그라미 모양 두 개를 떠올려 보아요.

2 위쪽이 긴 작은 동그라미를 그려요.

3 작은 동그라미를 감싸듯 곡선을 그려요.

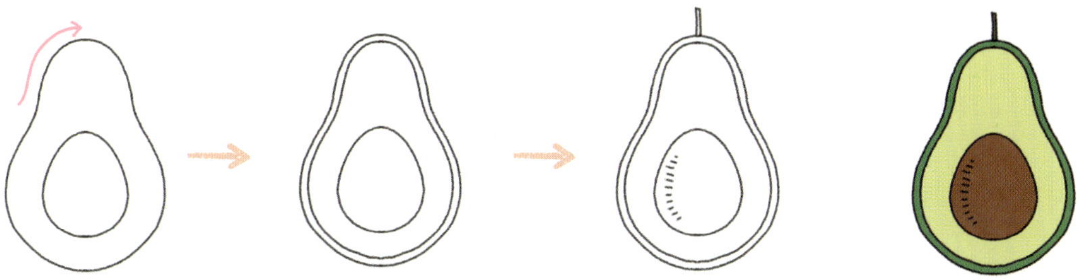

4 위쪽으로 올라간 곡선을 그리며 이어 주세요.

5 아보카도 형태를 따라 안쪽에 한 번 더 선을 그려요.

6 위쪽에 꼭지를 그리고 씨앗의 결을 그려요.

완성

포도

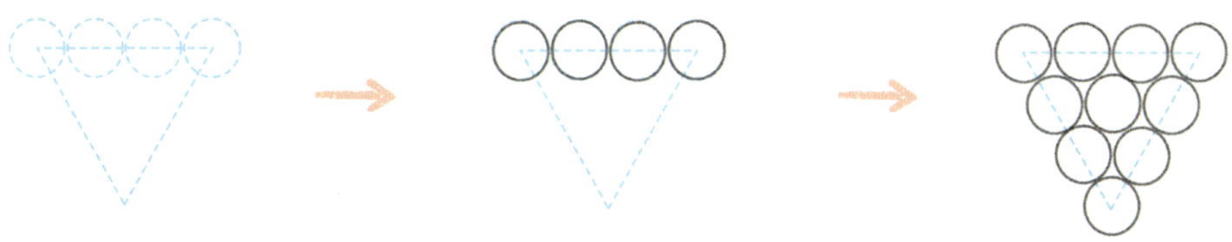

1 세모 모양 한 개와 동그라미 모양 네 개를 떠올려 보아요.

2 작은 동그라미 네 개를 나란히 그려요.

3 아래쪽에 작은 동그라미를 삼각형 모양을 따라 그려요.

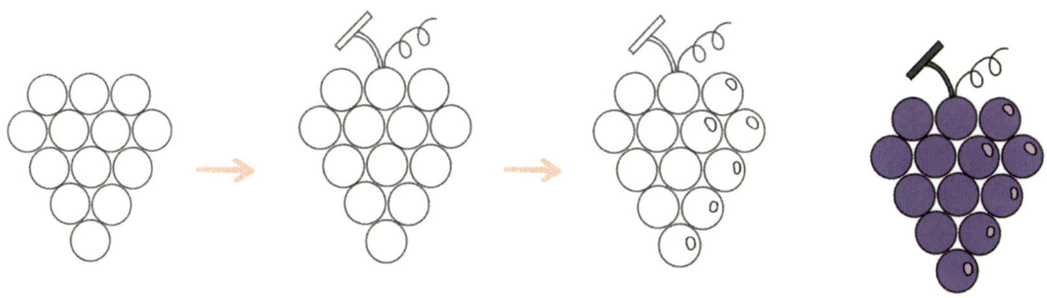

4 가장 위쪽에 작은 동그라미 세 개를 나란히 그려요.

5 포도 꼭지와 줄기를 그려요.

6 작은 동그라미로 포도의 광택을 그려요.

완성

CHAPTER 13-14

참외&토마토

참외

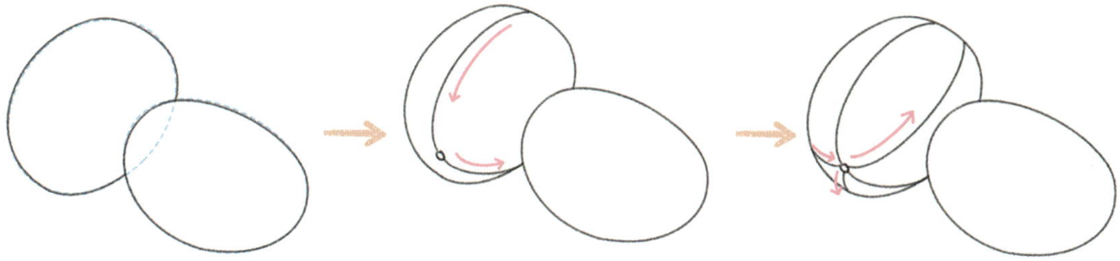

1 동그라미 모양 두 개를 떠올린 다음 그려 보아요.

2 참외 꼭지를 동그랗게 그리고 곡선을 이어 주세요.

3 꼭지를 중심으로 나머지 곡선을 그려요.

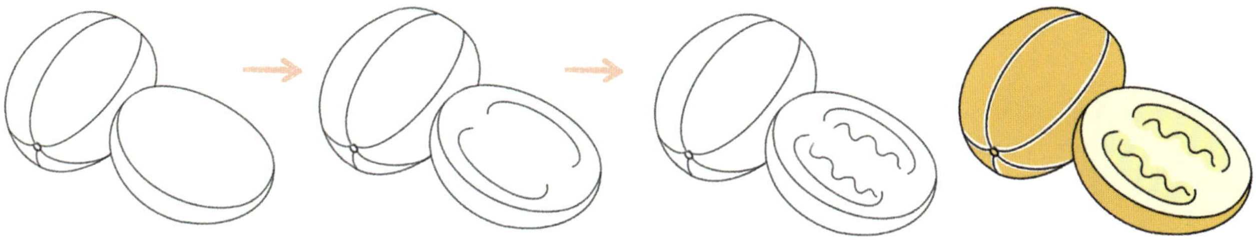

4 곡선을 그려 껍질과 속을 나누어 주세요.

5 양쪽에 큰 곡선을 마주 보게 그려요.

6 구불거리는 곡선으로 참외 속을 그려요.

완성

토마토

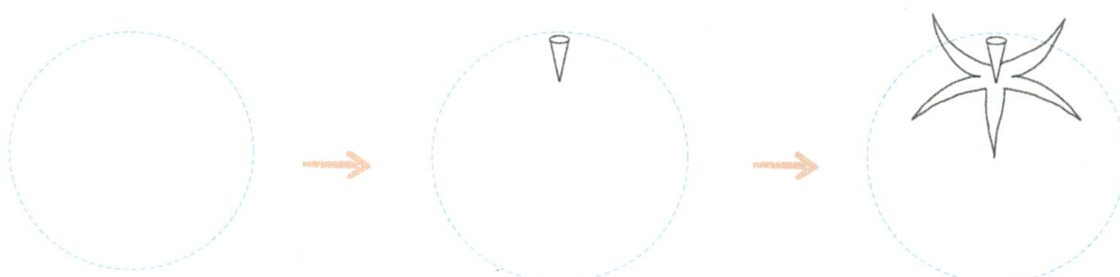

1 동그라미 모양을 떠올려 보아요.

2 작은 동그라미를 그리고 아래를 뾰족하게 그려요.

3 다섯 군데로 뾰족하게 뻗은 토마토 꼭지를 그려요.

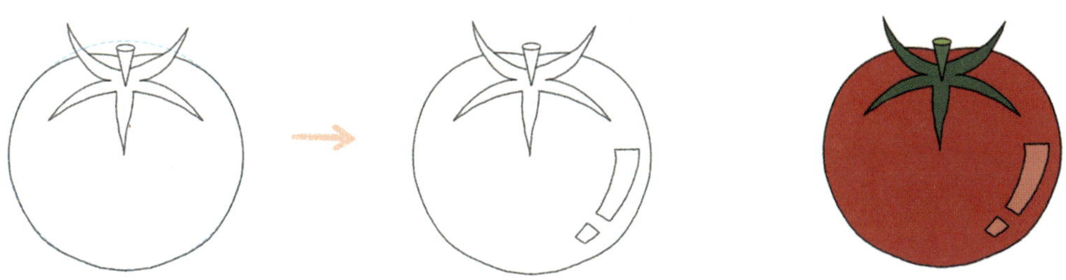

4 동그라미를 그려요.

5 느낌표 모양으로 광택을 그려요.

완성

CHAPTER 15-16

방울토마토&오이

방울토마토

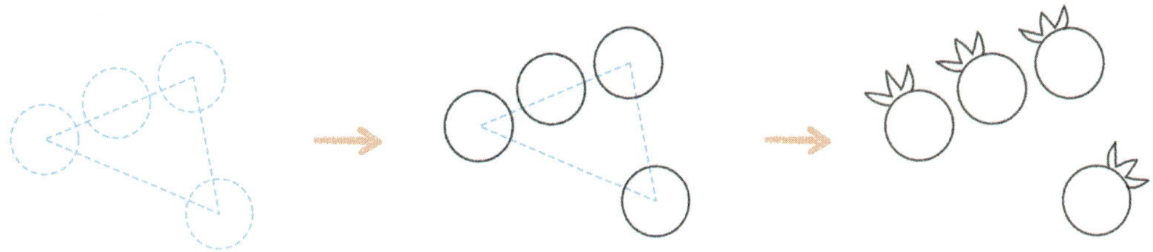

1 세모 모양 한 개와 동그라미 모양 네 개를 떠올려 보아요.

2 작은 동그라미 네 개를 그려요.

3 작은 동그라미마다 토마토 꼭지를 그려요.

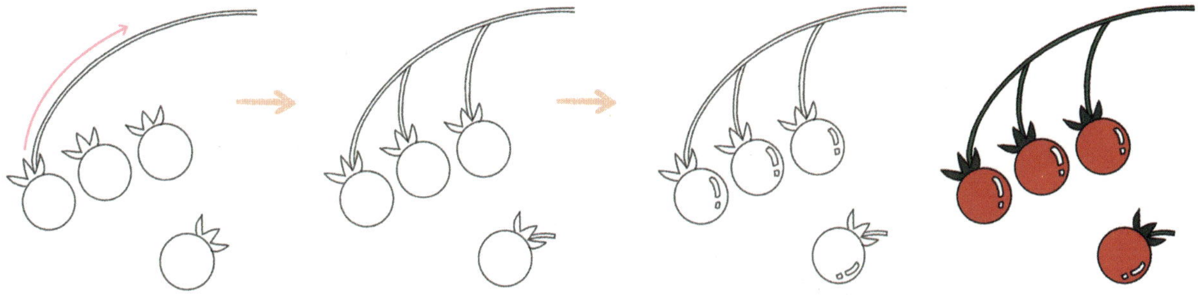

4 큰 곡선으로 줄기를 그려요.

5 나머지 토마토에도 곡선을 연결하여 줄기를 그려요.

6 느낌표 모양으로 광택을 그려요.

완성

오이

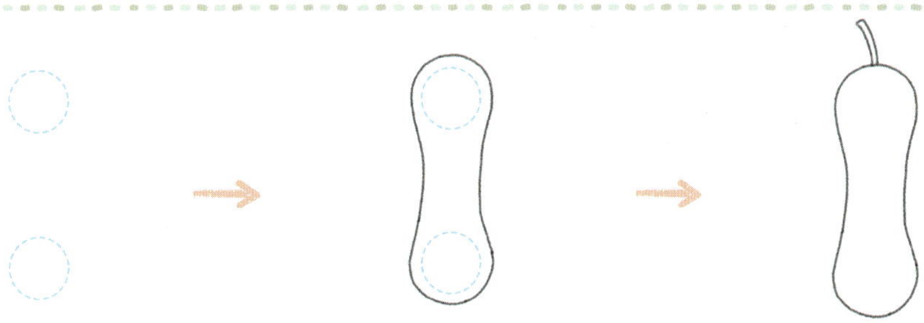

1 동그라미 모양 두 개를 떠올려 보아요.

2 위아래의 작은 동그라미를 잇는 곡선을 그려요.

3 오이 꼭지를 그려요.

4 오이의 표면을 울퉁불퉁하게 그려요.

완성

CHAPTER 17-18

당근&버섯

당근

1 세모 모양을 떠올려 보아요.

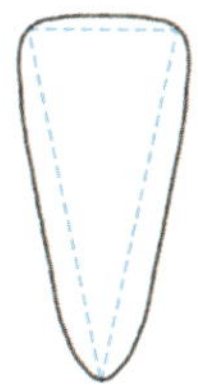

2 세모 모양을 따라 곡선을 그려요.

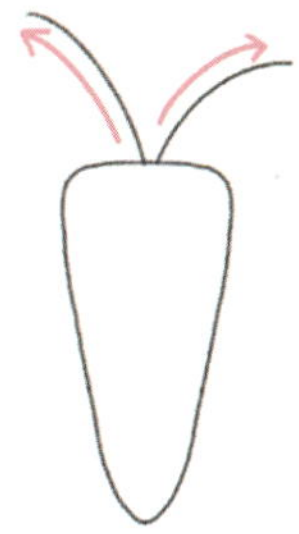

3 줄기의 중심이 되는 곡선을 양쪽에 그려요.

4 곡선을 중심으로 잎사귀를 그려요.

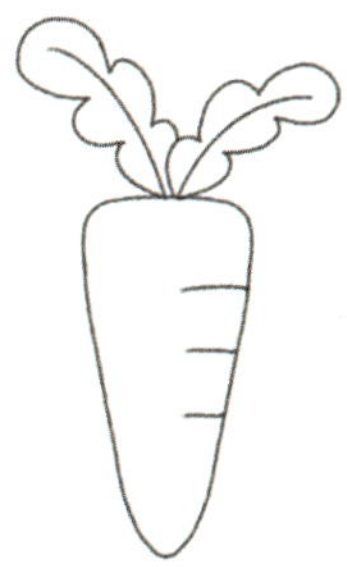

5 짧은 선들로 당근의 표면을 그려요.

완성

버섯

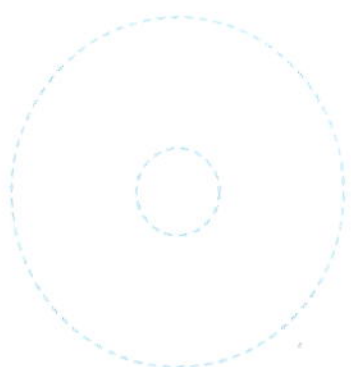

1 동그라미 모양 두 개를 떠올려 보아요.

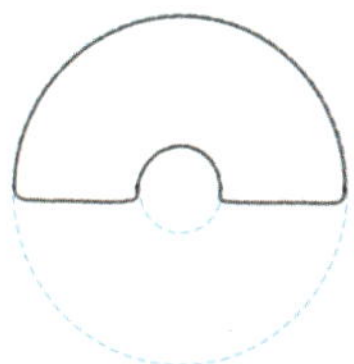

2 동그라미 두 개를 연결하는 반원을 그려요.

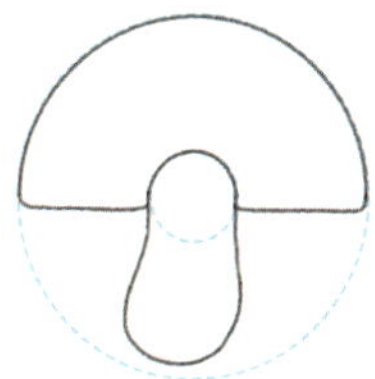

3 아래가 둥근 기둥을 그려요.

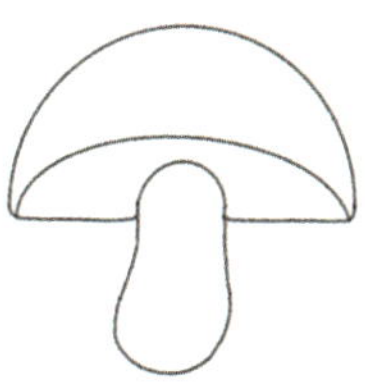

4 버섯 부분 아래에 반원을 그려요.

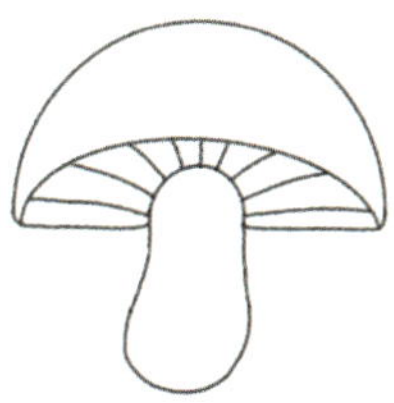

5 중심에서 밖으로 짧은 선을 여러 개 그려요.

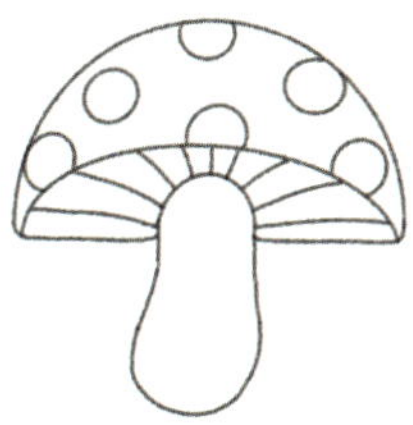

6 버섯 위에 동그라미 무늬를 그려요.

완성

CHAPTER 19-20

호박&고구마

호박

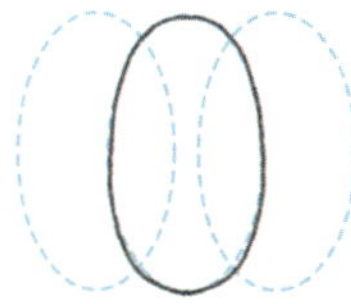

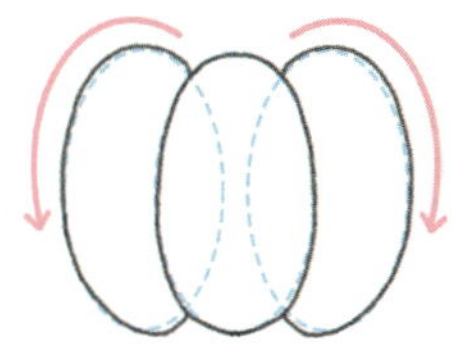

❶ 동그라미 모양 세 개를 떠올려 보아요.

❷ 가운데 동그라미를 그려요.

❸ 양쪽 옆에 조금 가려진 동그라미를 그려요.

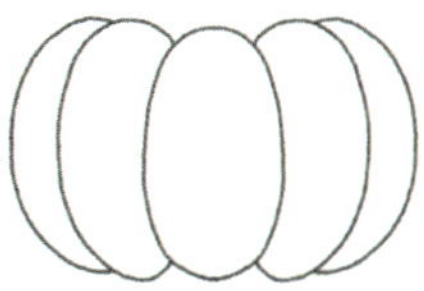

❹ 왼쪽과 오른쪽 끝에 더 많이 가려진 동그라미를 그려요.

❺ 위쪽에 휘어진 호박 꼭지를 그려요.

❻ 호박 꼭지의 결을 그려요.

완성

고구마

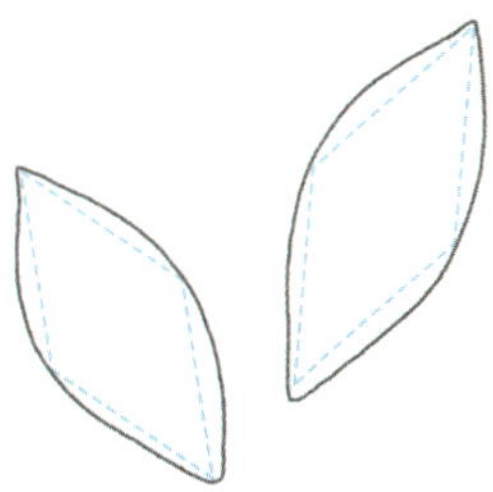

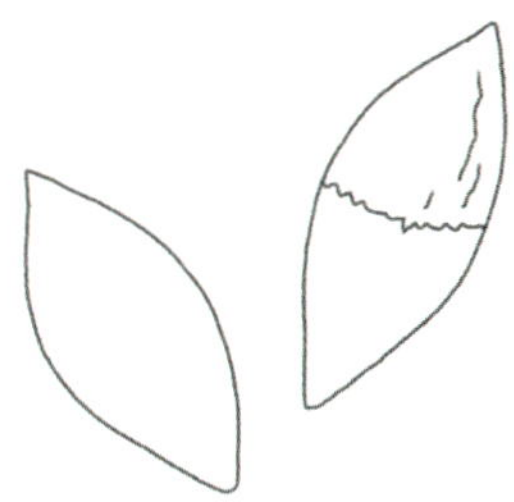

❶ 네모 모양 두 개를 떠올려 보아요.

❷ 네모 모양을 따라 곡선을 그려요.

❸ 한쪽의 고구마에 껍질과 속을 나누는 선을 그려요.

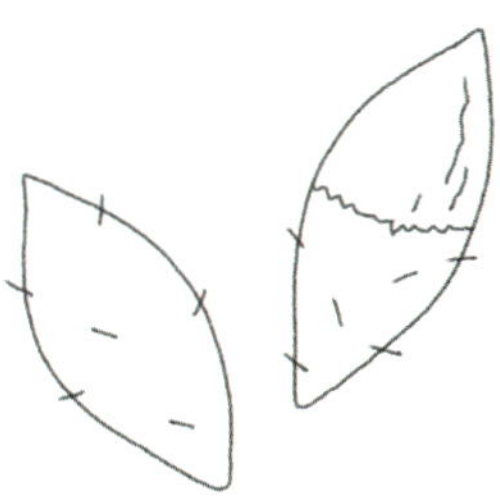

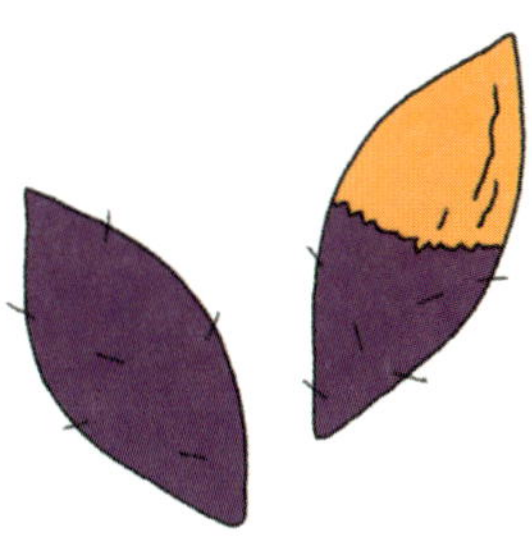

❹ 고구마 껍질 위에 짧은 선들을 그려요.

완성

CHAPTER 21-22

파프리카&크루아상

파프리카

❶ 동그라미 모양을 떠올린 다음
위쪽과 아래쪽에 곡선을 그려요.

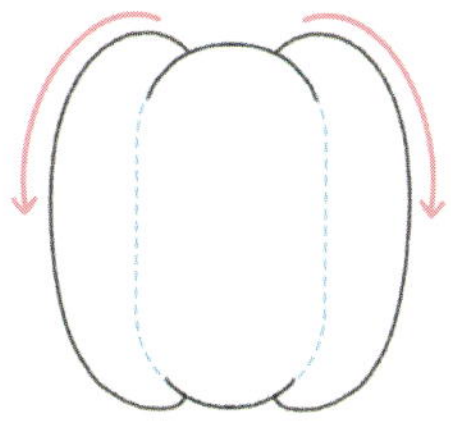

❷ 양쪽 옆에 둥근 선으로
통통한 파프리카 모양을 그려요.

❸ 위쪽에 휘어진
꼭지를 그려요.

❹ 꼭지 뒤쪽에 보이는 파프리카
몸통을 그려요.

❺ 꼭지의 결을 그리고 몸통의
울퉁불퉁한 모양을 그려요.

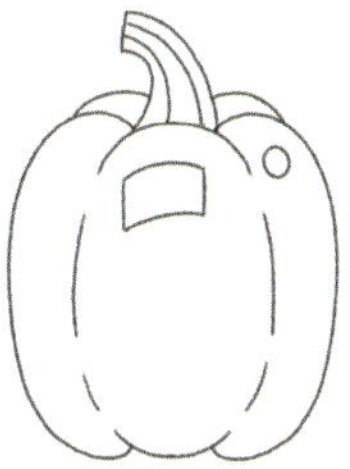

❻ 몸통 위쪽에
광택을 그려요.

완성

크루아상

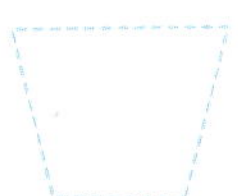

❶ 네모 모양을 떠올려 보아요.

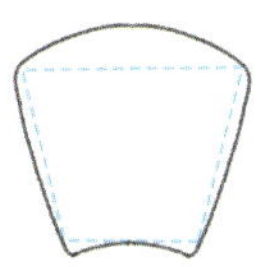

❷ 위아래가 곡선으로 이어진
네모를 그려요.

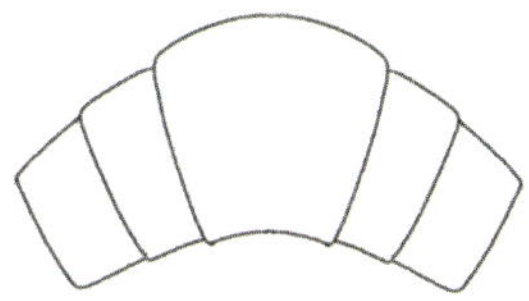

❸ 양쪽 옆에 휘어진 네모를
두개씩 그려요.

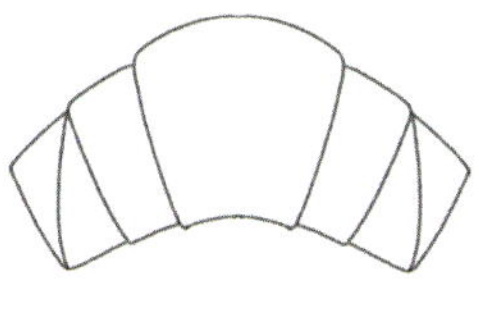

❹ 양 끝 네모를 가로지르는
곡선을 그려요.

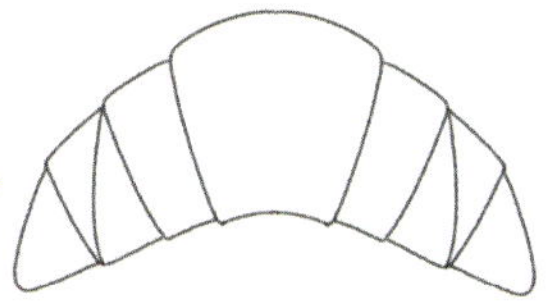

❺ 양쪽 끝에 둥글게 튀어나온
곡선을 그려요.

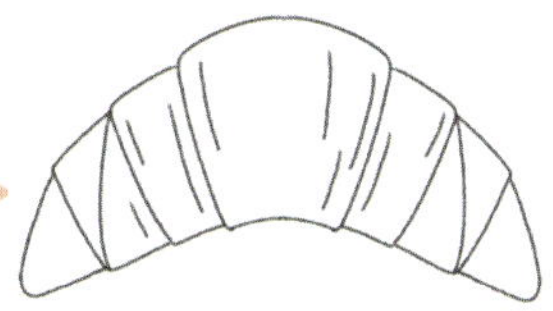

❻ 여러 개의 짧은 선으로
크루아상의 결을 그려요.

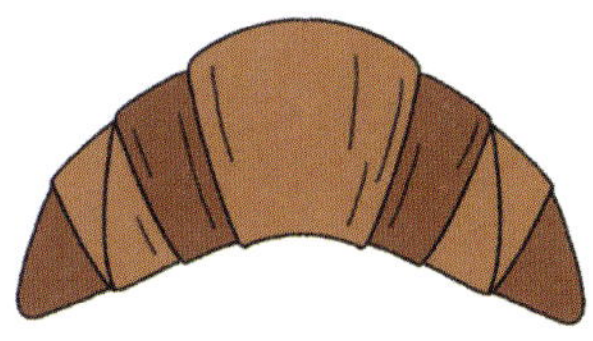

완성

CHAPTER 23-24

식빵&조각 케이크

식빵

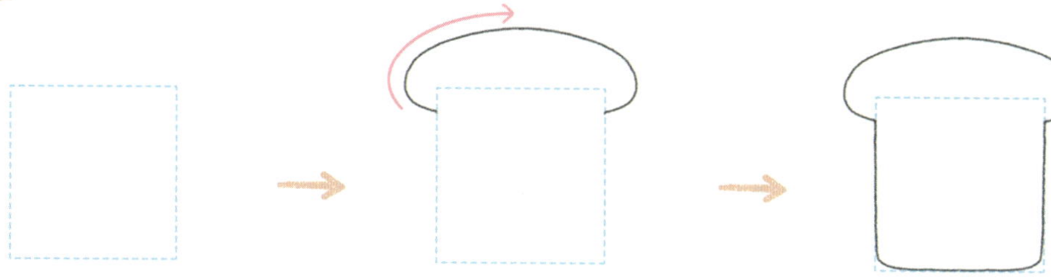

1 네모 모양을 떠올려 보아요.

2 둥근 곡선을 그려요.

3 모서리가 둥근 네모를 이어 그려요.

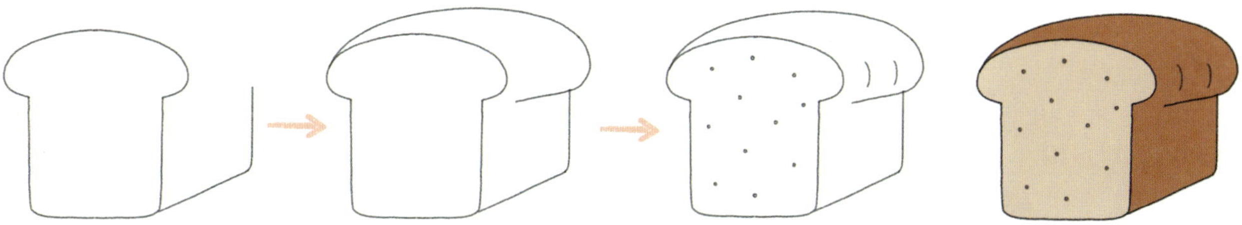

4 뒤쪽으로 보이는 식빵 두께를 그려요.

5 큰 곡선으로 감싸듯 식빵 윗부분을 그려요.

6 식빵 앞면에 작은 점을 찍고 옆면에 식빵 결을 그려요.

완성

조각케이크

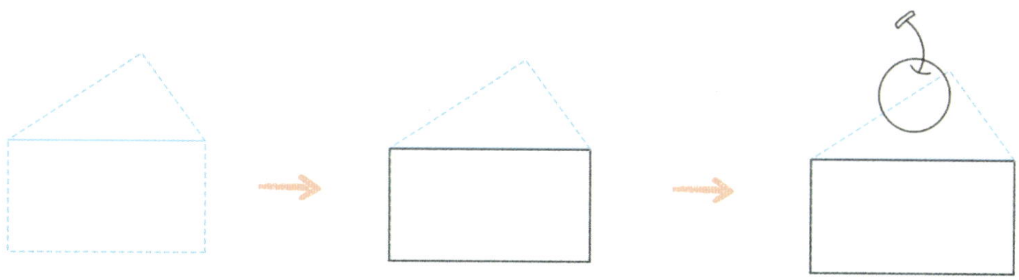

1 세모 모양과 네모 모양을 떠올려 보아요.

2 네모를 그려요.

3 네모 위에 동그라미를 그리고 체리 꼭지를 그려요.

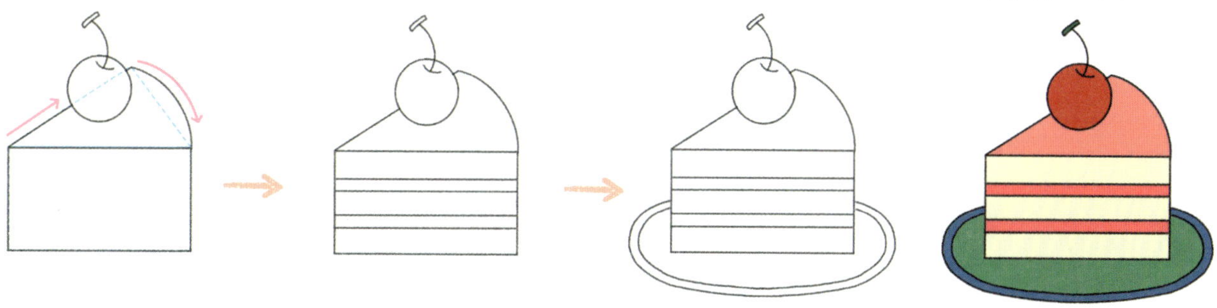

4 체리가 놓인 케이크 윗부분을 그려요.

5 네모의 가운데 케이크 시트를 그려요

6 케이크를 감싸듯 동그란 접시를 그려요.

완성

CHAPTER 25-26

홀 케이크&머핀

홀케이크

❶ 동그라미 모양과 네모 모양을 떠올려 보아요.

❷ 하트 두 개를 그리고 아랫부분에 곡선을 그려요.

❸ 하트를 둘러싼 동그라미를 그리고 아래에 크림을 그려요.

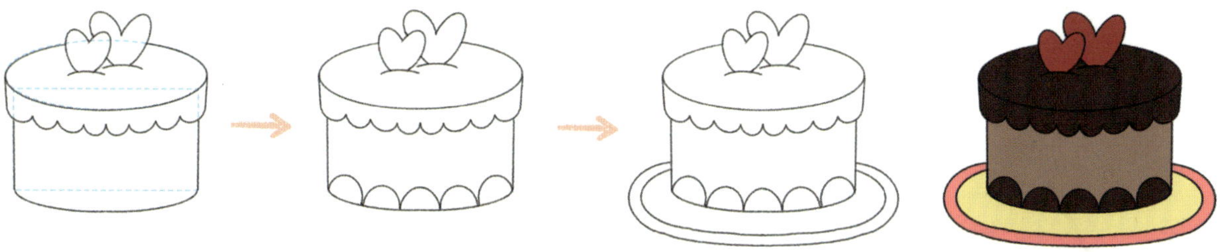

❹ 케이크의 옆면을 그려요.

❺ 케이크 아랫부분에 곡선으로 무늬를 그려요.

❻ 둥근 받침을 그려요.

완성

머핀

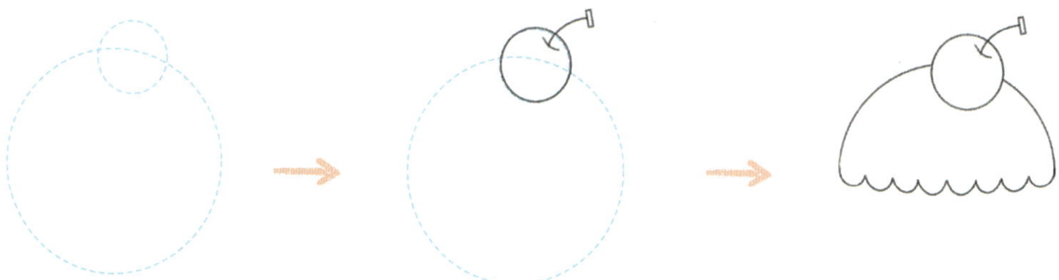

❶ 동그라미 모양 두 개를 떠올려 보아요.

❷ 동그란 체리와 꼭지를 그려요.

❸ 큰 반원을 그리고 아래쪽은 볼록볼록한 곡선을 그려요.

❹ 머핀을 감싸는 종이컵을 그려요.

❺ 여러 개의 선을 그어 주름을 그려요.

❻ 머핀 위에 시럽 모양으로 곡선을 그리고 작은 네모 모양을 여러 개 그려요.

완성

CHAPTER 27-28

와플&햄버거

와플

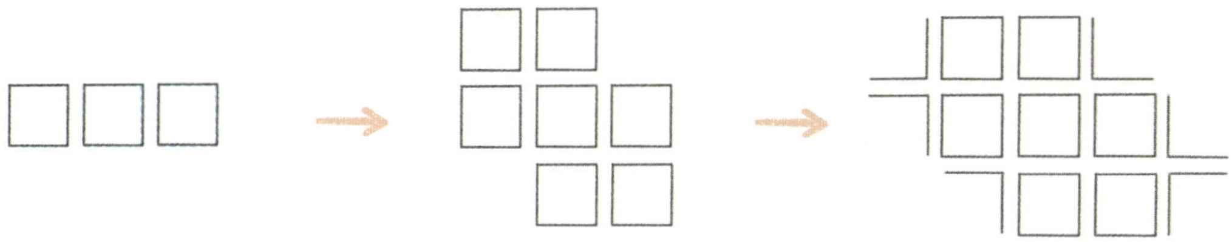

❶ 네모 모양 세 개를 떠올린 다음 그려 보아요.

❷ 위쪽과 아래쪽에 네모를 두 개씩 그려요.

❸ 모든 줄마다 양쪽 옆에 네모를 반만 그려요.

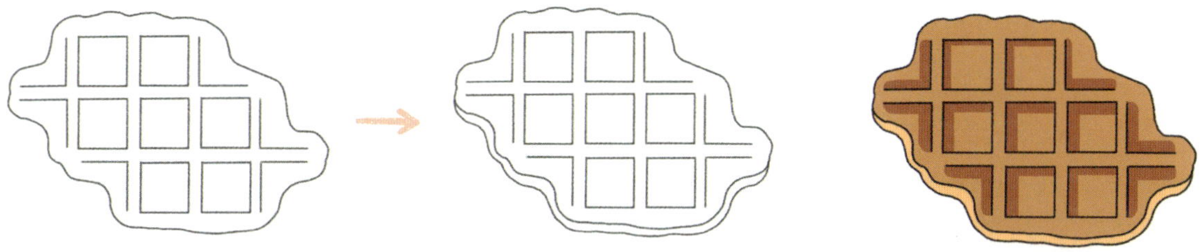

❹ 그려진 선을 감싸며 곡선을 그려요.

❺ 아래에 겹쳐지도록 한 번 더 그려요.

완성

햄버거

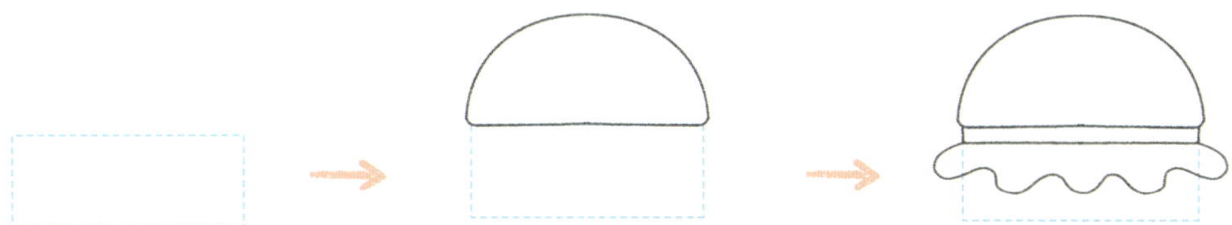

❶ 네모 모양을 떠올려 보아요.

❷ 둥근 반원을 그려요.

❸ 아래에 네모를 길게 그리고 구불거리는 곡선을 크게 그려요.

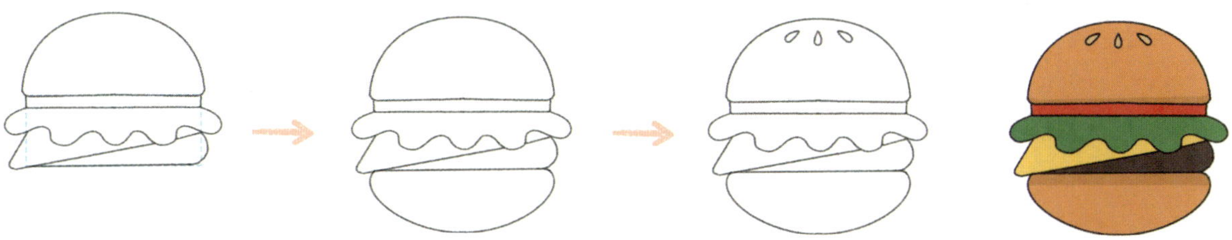

❹ 왼쪽으로 튀어나온 세모를 그리고 오른쪽 공간을 곡선으로 채우듯 그려요.

❺ 아래에 둥근 반원을 그려요.

❻ 빵 위에 깨를 그려요.

완성

CHAPTER 29-30

피자&붕어빵

피자

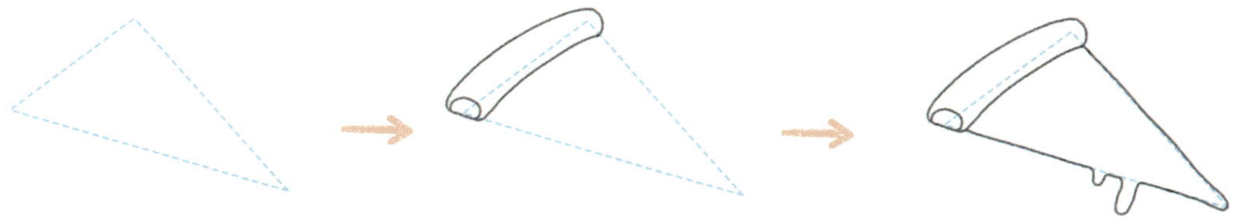

1 세모 모양을 떠올려 보아요.

2 둥글게 말린 피자 테두리를 그려요.

3 치즈가 흘러내리는 세모를 그려요.

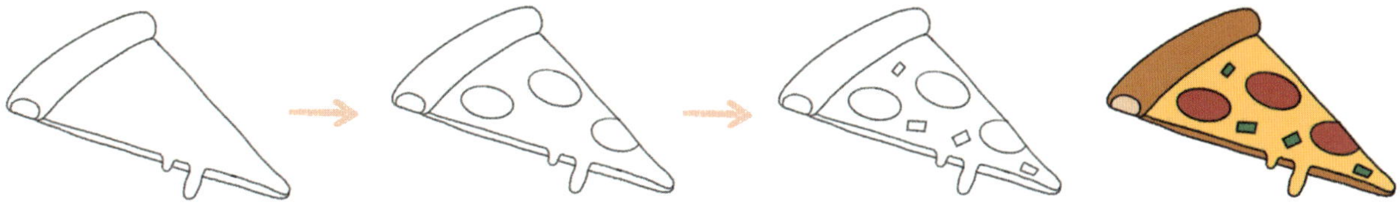

4 치즈 아래에 보이는 피자 도우를 그려요.

5 피자 위에 동그라미를 그려요.

6 작은 네모를 여러 개 그려요.

완성

붕어빵

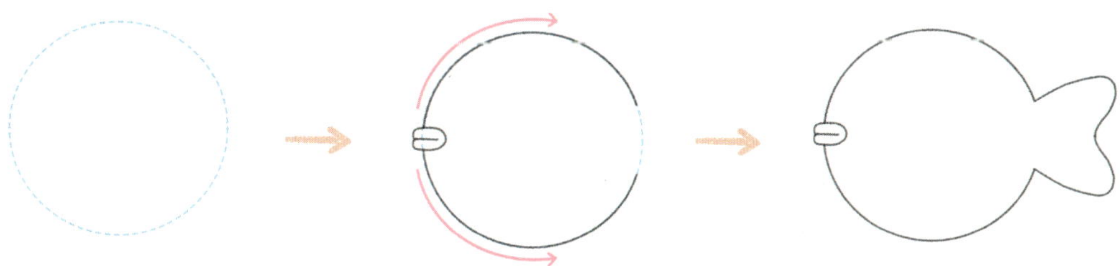

1 동그라미 모양을 떠올려 보아요.

2 둥글게 말린 입을 앞쪽에 그리고 큰 동그라미를 그려요.

3 동그라미 뒤에 꼬리를 그려요.

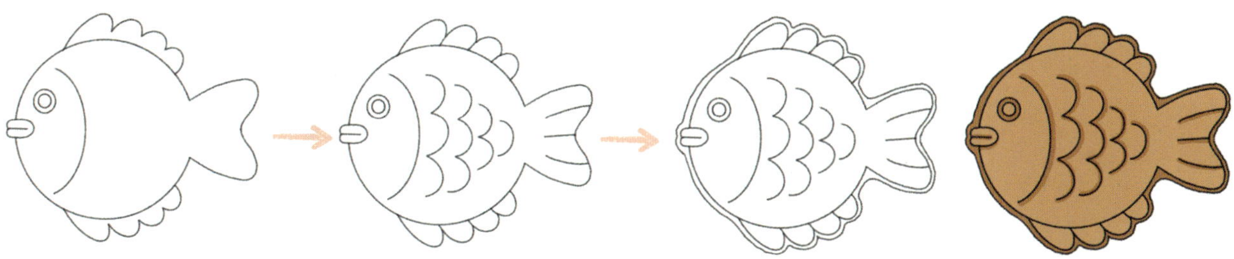

4 곡선으로 머리를 나누고 동그란 눈과 볼록볼록한 지느러미를 그려요.

5 몸통에 볼록볼록한 선으로 비늘을 그리고 꼬리에 선을 그려요.

6 그림 전체를 감싸듯이 테두리를 그려요.

완성

CHAPTER 31-32

아이스크림 1, 2

아이스크림 1

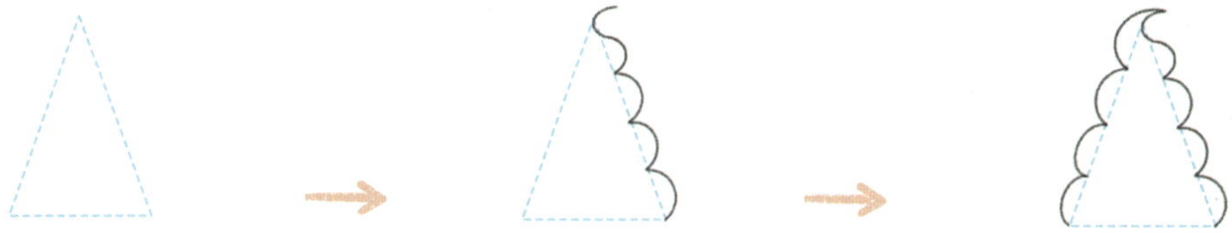

❶ 세모 모양을 떠올려 보아요.

❷ 세모의 오른쪽 면을 따라 볼록볼록한 곡선을 그려요.

❸ 세모의 왼쪽 면을 따라 볼록볼록한 곡선을 그려요.

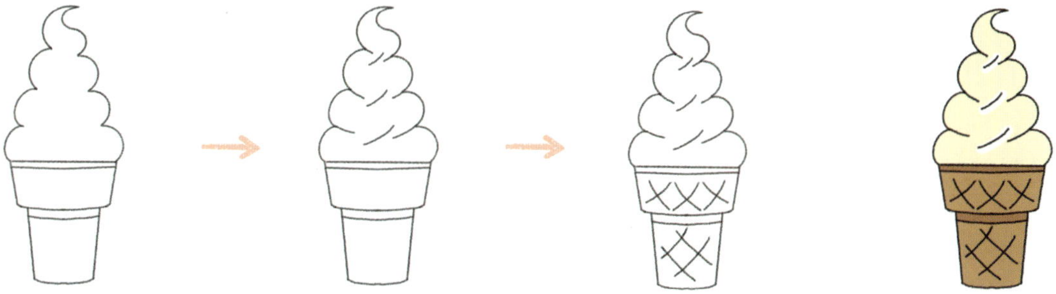

❹ 아래에 아이스크림 받침을 그려요.

❺ 아이스크림 곡선과 가운데에 짧은 선을 그려서 층층이 겹쳐진 느낌을 주세요.

❻ 큰 부분에 무늬를 그려요.

완성

아이스크림 2

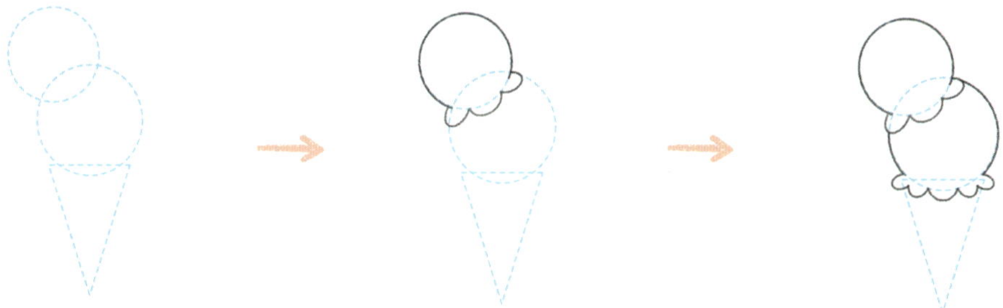

❶ 동그라미 모양 두 개와 세모 모양 한 개를 떠올려 보아요.

❷ 동그라미를 그리고 아래에 볼록볼록한 곡선을 연결하여 받침을 그려요.

❸ 조금 더 큰 동그라미를 그리고 아래에 볼록볼록한 곡선을 연결하여 받침을 그려요.

❹ 세모 모양의 아이스크림콘을 그려요.

❺ 큰 부분에 무늬를 그려요.

완성

CHAPTER 33-34

아이스크림 3&빙수

아이스크림 3

1 네모 모양을 두 개를 떠올려 보아요.

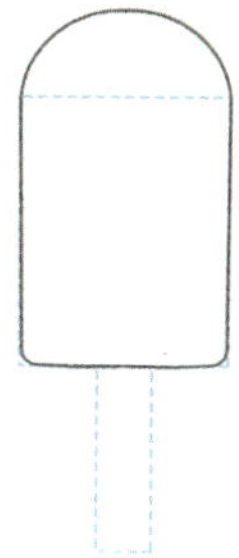

2 네모를 그리고 윗부분을 둥근 곡선으로 그려요.

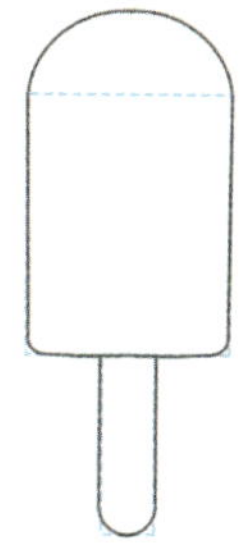

3 네모를 그리고 아랫부분을 둥근 곡선으로 그려요.

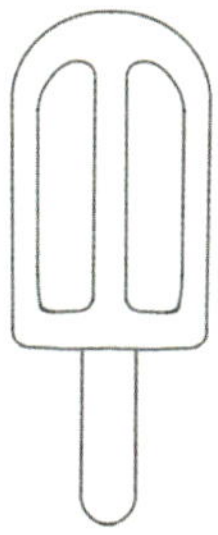

4 아이스크림 안쪽에 무늬를 그려요.

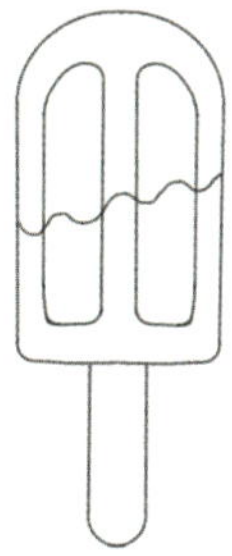

5 아이스크림의 위아래를 나누어 주는 곡선 무늬를 그려요.

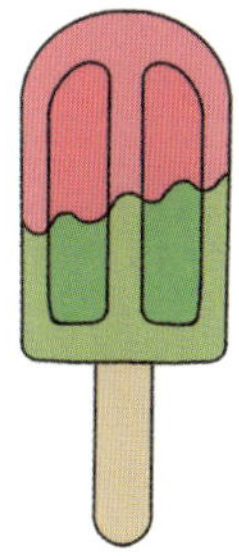

완성

빙수

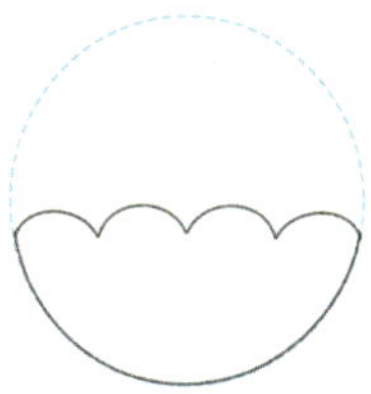

1 동그라미 모양을 떠올린 다음 윗부분이 볼록볼록한 반원을 그려요.

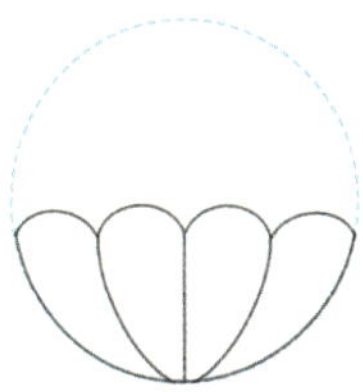

2 아래쪽 중심에서 위쪽의 홈까지 곡선으로 연결해 주세요.

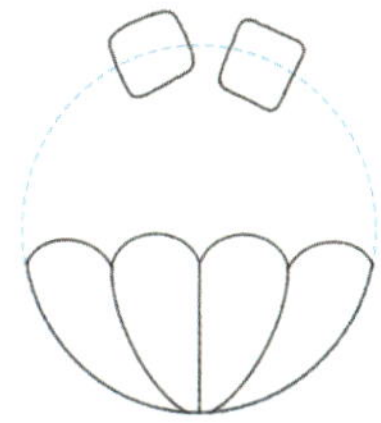

3 네모 두 개를 그려요.

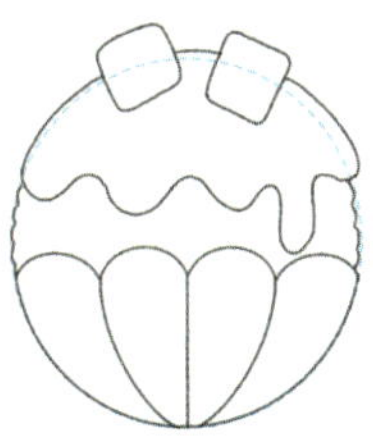

4 흘러내리는 팥을 그리고 팥과 컵 사이에 얼음을 그려요.

5 팥 위에 작은 네모를 여러 개 그려요.

6 컵 받침을 그리고 컵에 광택을 그려요.

완성

CHAPTER 35-36

사탕&막대사탕

사탕

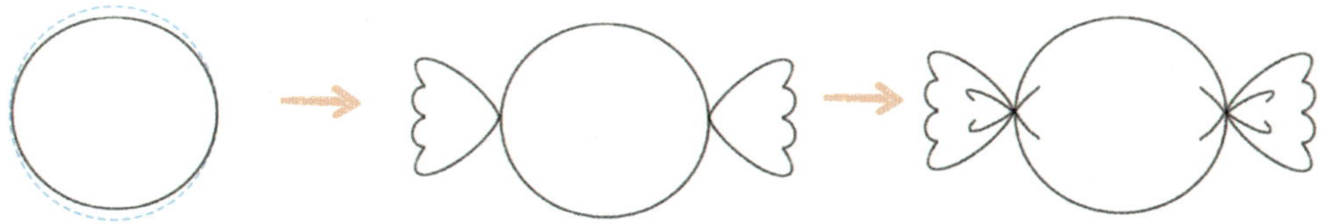

❶ 동그라미 모양을 떠올린 다음 그려 보아요.

❷ 동그라미 양쪽에 포장지 날개를 그려요.

❸ 포장지 주름을 그려요.

❹ 동그라미 안에 세로로 두 줄을 그려요.

완성

막대사탕

❶ 동그라미 모양을 떠올린 다음 그려 보아요.

❷ 동그라미 안에서 밖으로 빙글빙글 돌아가는 곡선을 그려요.

❸ 긴 네모로 손잡이 부분을 그려요.

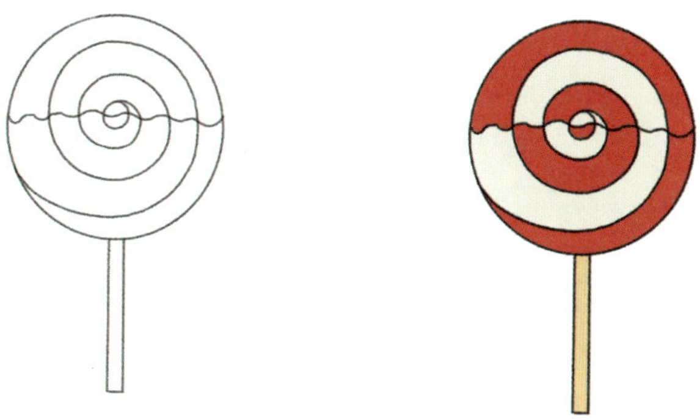

❹ 사탕의 위아래를 나누어 주는 곡선 무늬를 그려요.

완성

CHAPTER 37-38

주스&김밥

주스

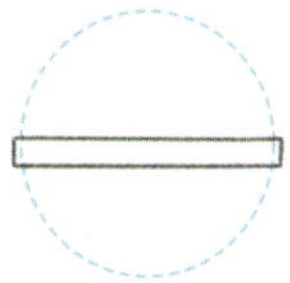

❶ 동그라미 모양을 떠올린 다음
중심에 네모를 그려요.

❷ 둥근 반원으로 뚜껑을 그리고
아래쪽에 네모 모양의 컵을
그린 후, 컵 안에 작은 네모 세 개를 그려요.

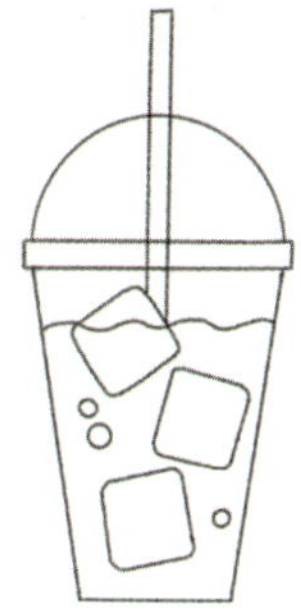

❸ 곡선으로 주스를 채우고 작은
동그라미 몇 개와 빨대를 길게
그려요.

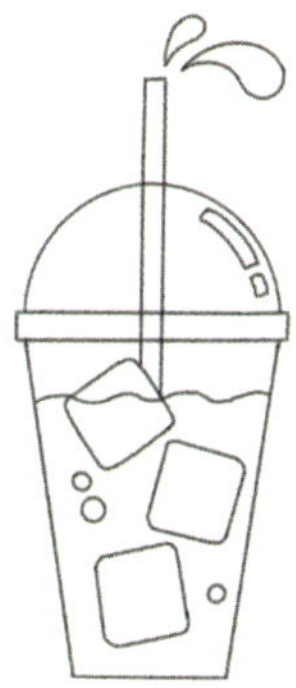

❹ 뚜껑에 광택을 그리고 빨대
끝에 물방울 무늬를 그려요.

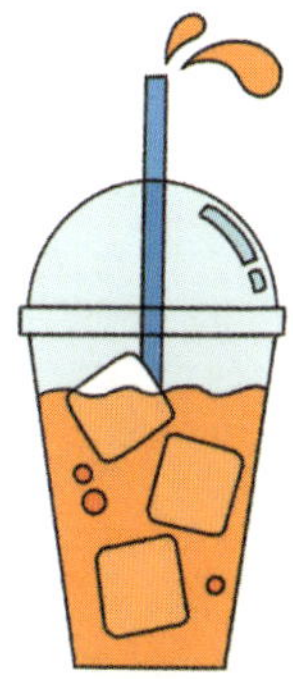

완성

김밥

❶ 네모 모양 한 개와 동그라미 모양
두 개를 떠올려 보아요.

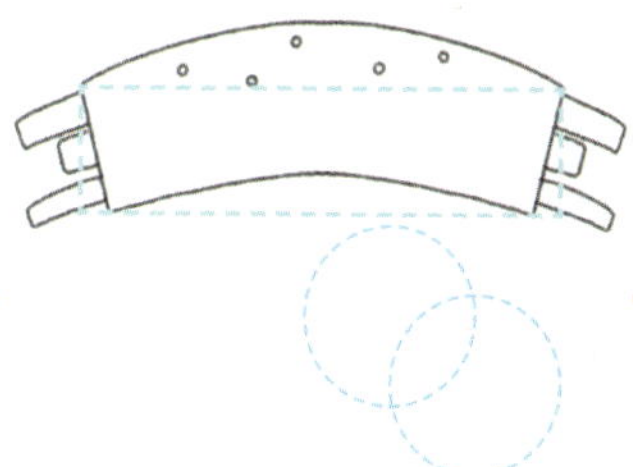

❷ 가운데가 휘어진 네모를 그린 후,
양쪽 옆에 서로 다른
길이의 네모를 그리고 김밥 위에
동그란 깨를 그려요.

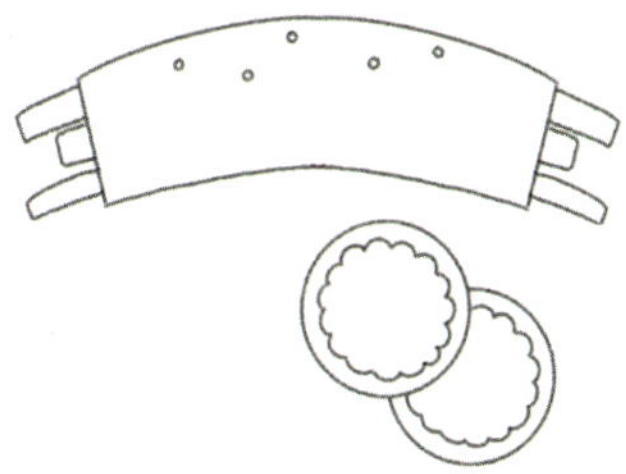

❸ 동그라미 두 개를 겹치도록
그린 후, 안에 동글동글한 곡선을
이어서 동그라미를 그려요.

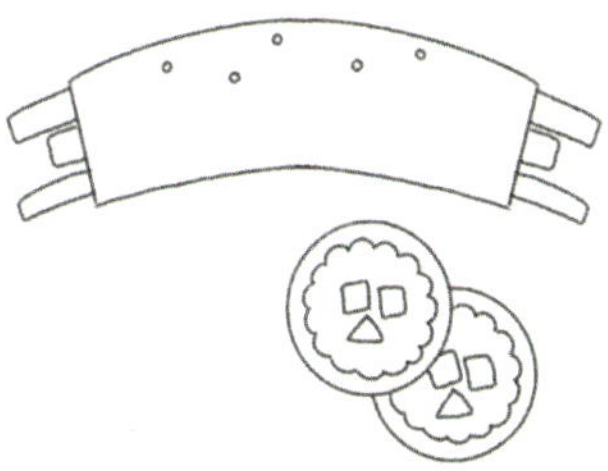

❹ 안쪽에 네모 두 개와
세모 한 개를 그려요.

완성

CHAPTER 39-40

약과&핫도그

약과

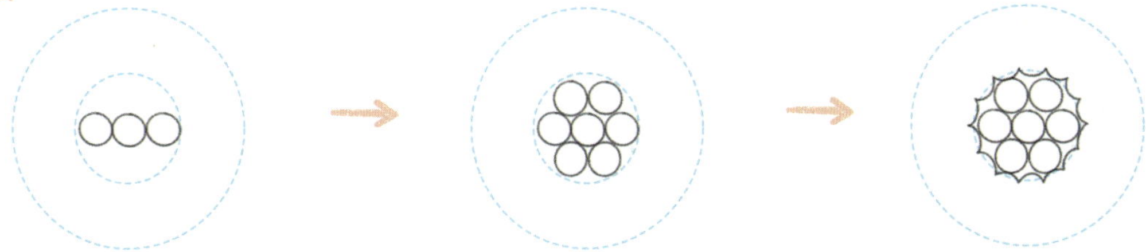

❶ 동그라미 모양 두 개를 떠올린 다음 가운데 작은 동그라미 세 개를 그려요.

❷ 작은 동그라미 두 개를 위아래에 그려요.

❸ 안쪽으로 볼록하게 들어간 곡선을 이어서 동그라미를 그려요.

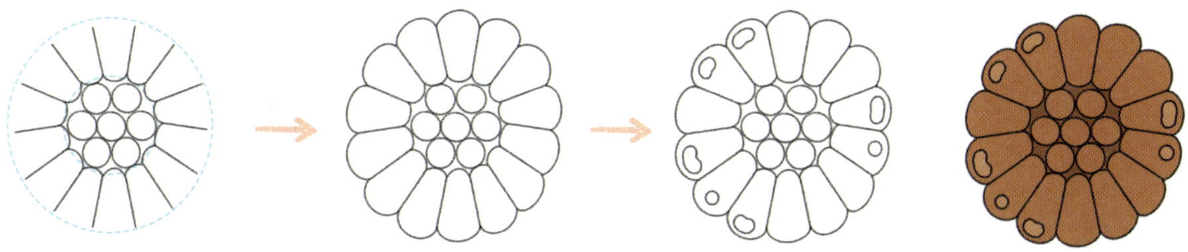

❹ 볼록한 곡선 끝에서 바깥으로 향하는 선을 그려요.

❺ 선을 서로 이어 주며 곡선을 그려요.

❻ 약과에 빛나는 광택을 그려요.

완성

핫도그

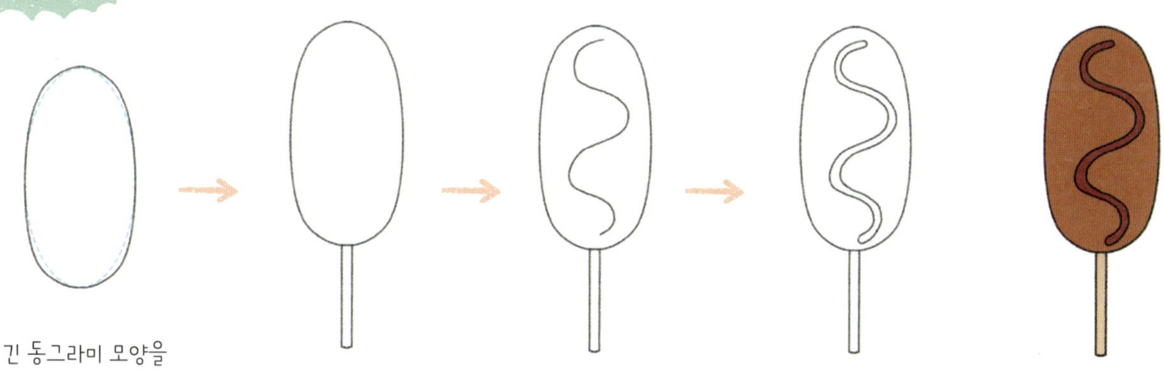

❶ 긴 동그라미 모양을 떠올린 다음 그려 보아요.

❷ 긴 네모로 손잡이 부분을 그려요

❸ 지그재그 곡선으로 케첩을 그려요.

❹ 지그재그 곡선을 한 번 더 그려요.

완성

01 해님
02 달과 별
03 비구름
04 무지개
05 눈사람
06 새싹
07 꽃
08 튤립
09 장미
10 해바라기
11 무궁화
12 크리스마스트리

PART. 2

자연

CHAPTER 01-02

해님&달과 별

해님

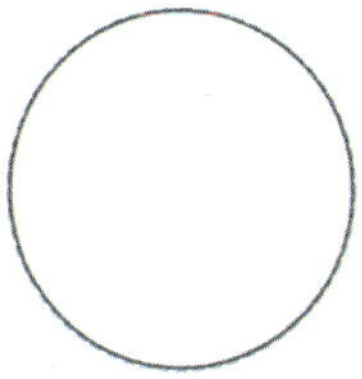

❶ 동그라미 모양을 떠올린 다음 그려 보아요.

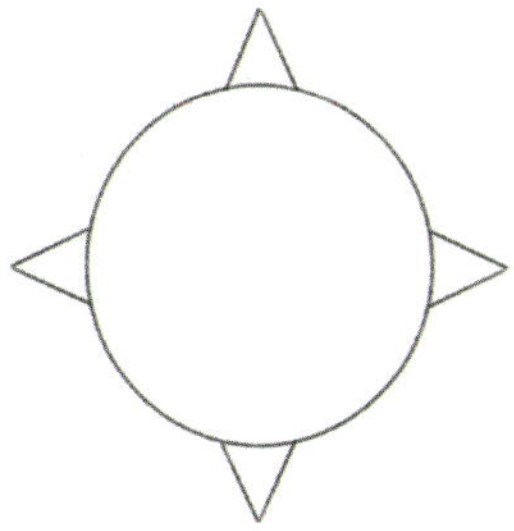

❷ 동그라미의 십자가 방향에 세모를 그려요.

❸ 동그라미 둘레를 따라 세모를 그려요.

❹ 해님의 얼굴을 그려요.

완성

달과 별

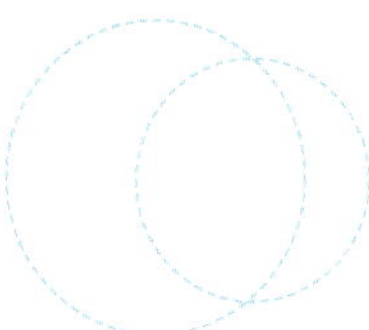

❶ 동그라미 모양 두 개를 떠올려 보아요.

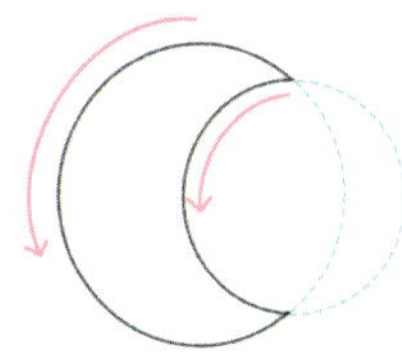

❷ 반달 모양을 그려요.

❸ 달의 양쪽에 별 모양을 그려요.

❹ 달 주변에 또 다른 별 모양을 그려요.

❺ 작은 동그라미를 듬성듬성 그려요.

❻ 달의 얼굴을 그려요.

완성

CHAPTER 03

비구름

비구름

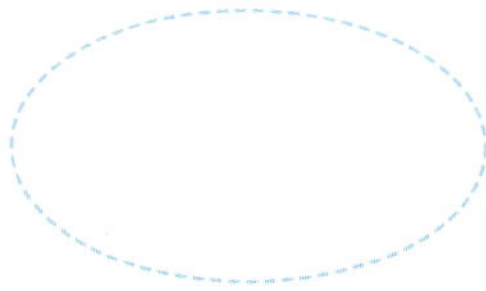

❶ 동그라미 모양을 떠올려 보아요.

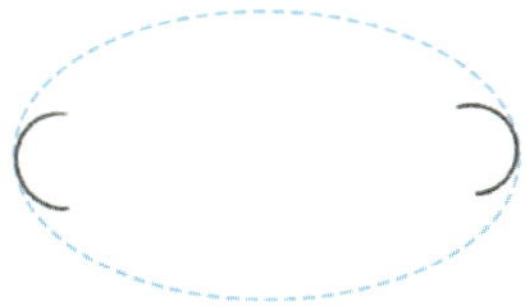

❷ 둥근 곡선으로 구름의 양쪽 끝을 그려요.

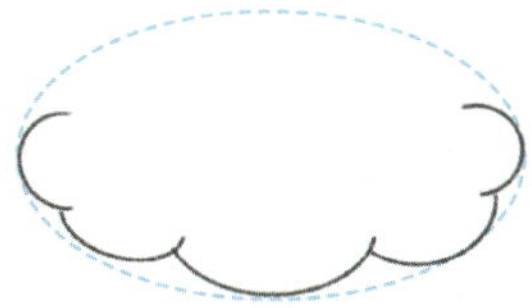

❸ 곡선을 겹치면서 구름의 아랫부분을 그려요.

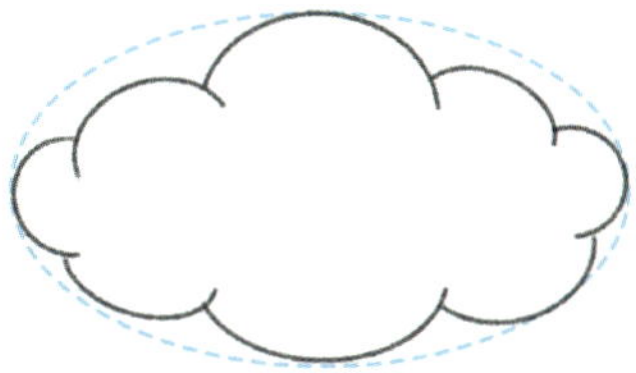

❹ 곡선을 겹치면서 구름의 윗부분을 그려요.

❺ 구름 아래에 번개를 그려요.

❻ 번개 주변에 여러 개의 물방울 모양을 그려요.

완성

CHAPTER 04-05

무지개&눈사람

무지개

❶ 동그라미 모양 두 개를 떠올려 보아요.

❷ 작은 구름 두 개를 그려요.

❸ 구름 사이를 두 개의 곡선으로 이어 주세요.

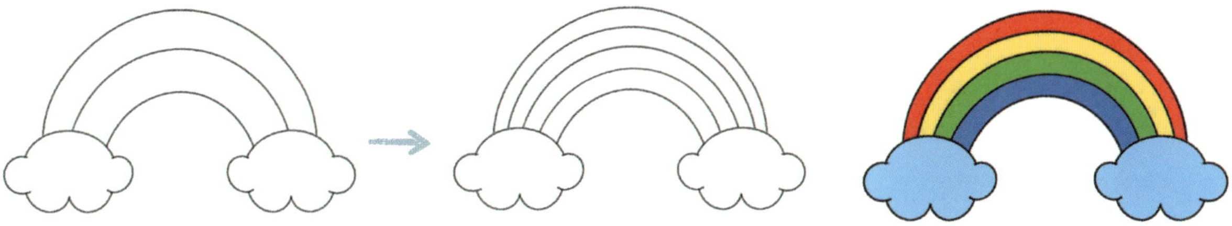

❹ 무지개 가운데 곡선을 그려요.

❺ 무지개 안에 곡선을 더 그려요.

완성

눈사람

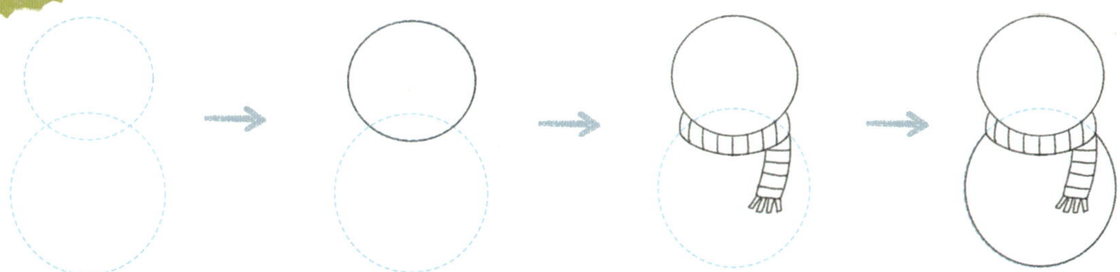

❶ 동그라미 모양 두 개를 떠올려 보아요.

❷ 동그라미를 그려요.

❸ 동그라미 아래에 목도리를 그려요.

❹ 목도리 아래에 동그라미를 그려요.

❺ 눈사람의 얼굴과 팔을 그리고 동그라미 모양의 단추를 그려요.

❻ 눈사람 주변에 동그란 눈을 그려요.

완성

CHAPTER 06-07

새싹&꽃

새싹

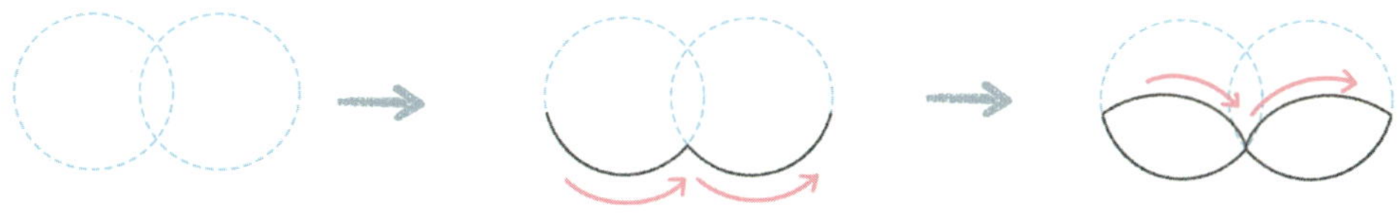

❶ 동그라미 모양 두 개를 떠올려 보아요.

❷ 아래를 향한 곡선 두 개를 그려요.

❸ 위를 향한 곡선 두 개를 그려요.

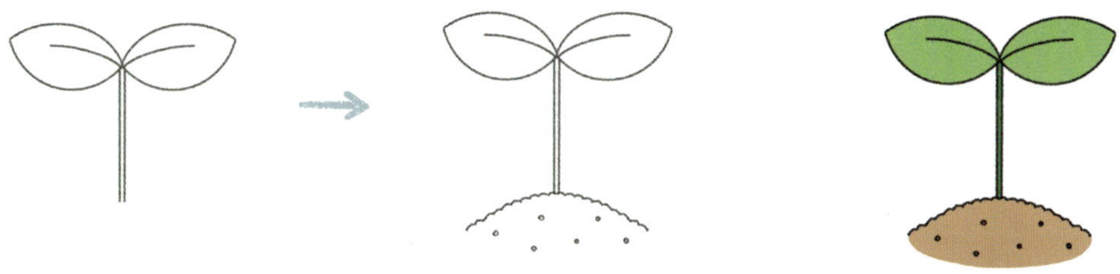

❹ 잎의 중심에 곡선을 그리고 아래에 줄기를 그려요.

❺ 줄기 아래에 위로 솟은 흙을 그리고 동그라미를 그려요.

완성

꽃

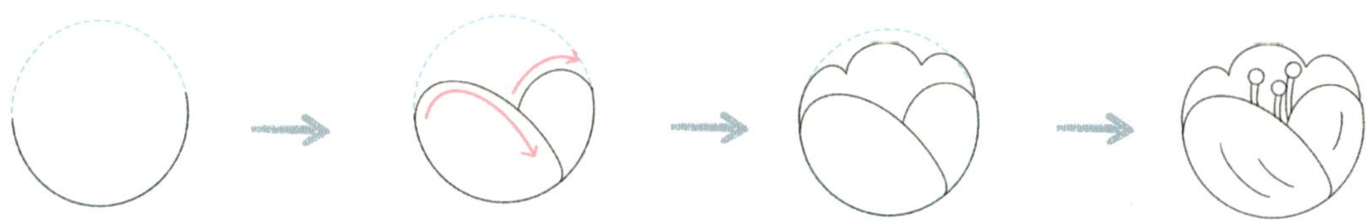

❶ 동그라미 모양을 떠올린 다음 아래를 감싸는 곡선을 그려요.

❷ 두 개의 포개진 꽃잎을 그려요.

❸ 위쪽으로 볼록볼록한 꽃잎을 그려요.

❹ 꽃잎 주름과 수술을 그려요.

❺ 꽃잎 아래에 줄기를 그리고 양쪽에 둥근 잎사귀를 그려요.

❻ 잎사귀에 무늬를 그려요.

완성

CHAPTER 08-09 튤립&장미

튤립

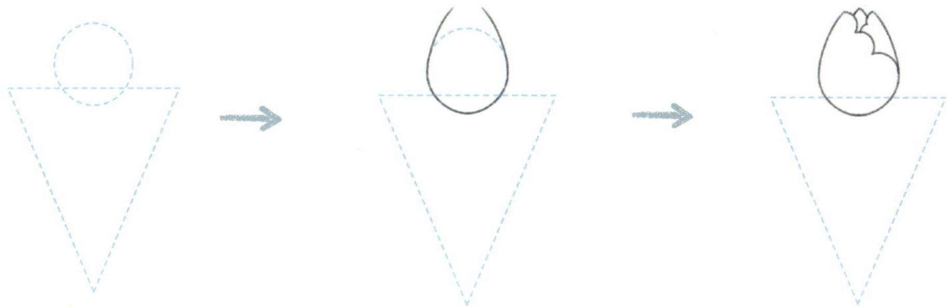

❶ 세모 모양과 동그라미 모양을 떠올려 보아요.

❷ 물방울 모양을 닮은 곡선을 그려요.

❸ 두 개의 포개진 꽃잎을 그리고 가운데 뾰족한 꽃잎을 그려요.

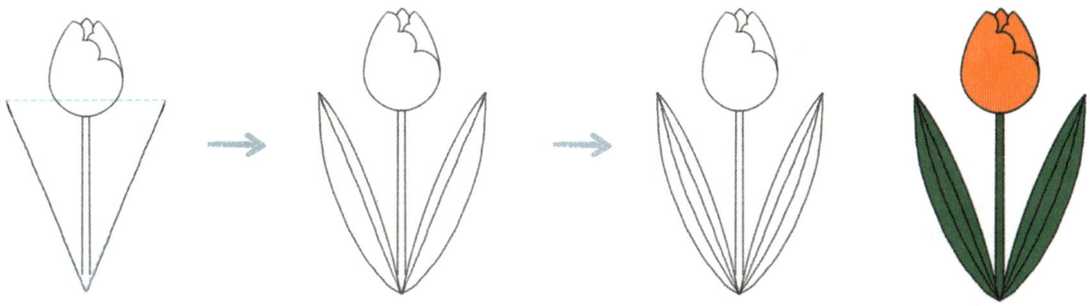

❹ 꽃잎 아래에 줄기를 그리고 양옆으로 뻗은 선을 그려요.

❺ 선을 감싸며 잎사귀를 그려요.

❻ 잎사귀 양쪽에 선을 그려요.

완성

장미

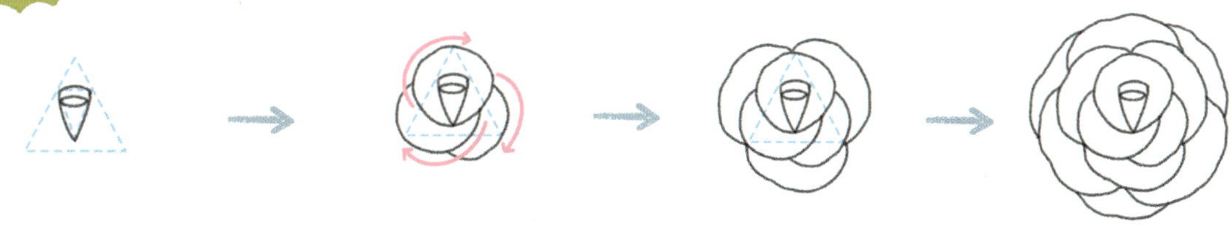

❶ 세모 모양 두 개를 떠올린 다음 장미꽃 중심을 그려요.

❷ 중심 주변을 감싸듯 꽃잎을 그려요.

❸ 세모 방향으로 감싸듯 꽃잎을 그려요.

❹ 꽃의 비어 있는 공간을 층층이 감싸듯 더 큰 꽃잎을 그려요.

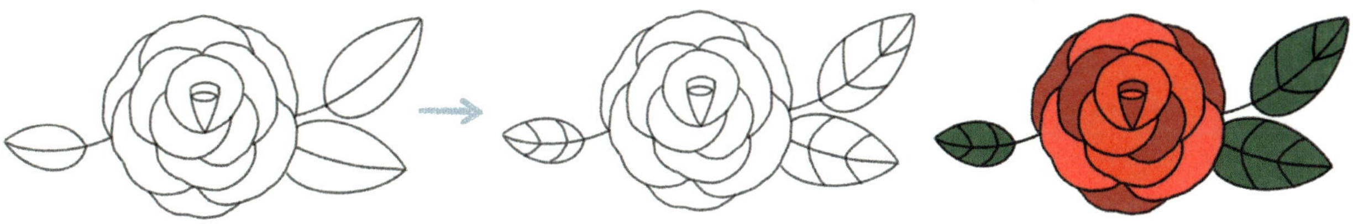

❺ 꽃잎 아래에 줄기를 그리고 양쪽에 둥근 잎사귀를 그려요.

❻ 잎사귀에 무늬를 그려요.

완성

CHAPTER 10-11

해바라기&무궁화

해바라기

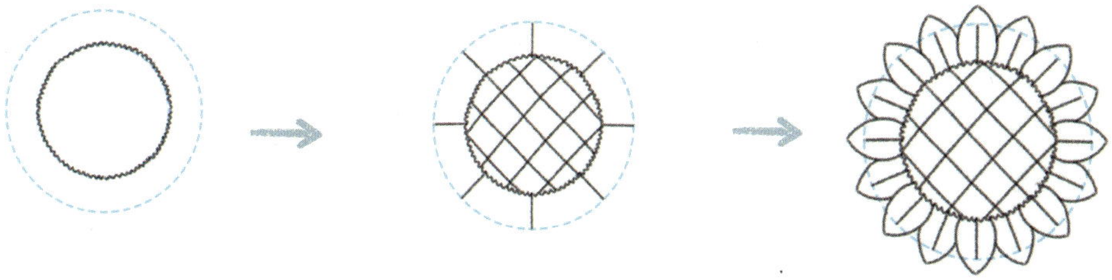

❶ 동그라미 모양 두 개를 떠올린 다음 울퉁불퉁한 선으로 그려 보아요.

❷ 동그라미 안에 격자무늬를 그리고 바깥에 짧은 선들을 그려요.

❸ 선을 감싸듯 꽃잎을 그리고, 사이사이에 겹쳐진 꽃잎을 그려요.

❹ 줄기를 그리고 양쪽 옆에 큰 잎사귀를 그려요.

❺ 잎사귀에 무늬를 그려요.

완성

무궁화

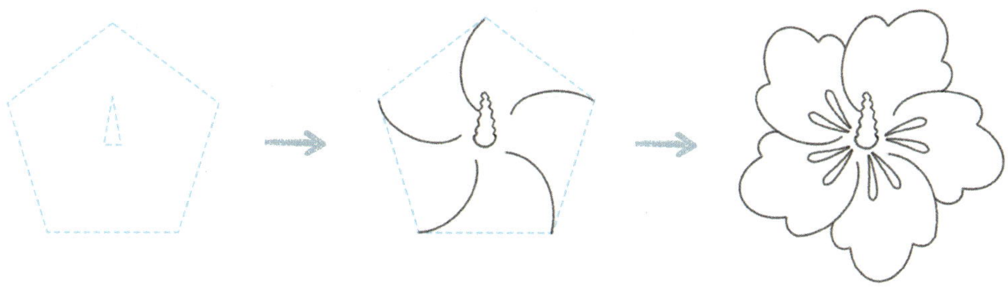

❶ 세모 모양과 오각형 모양을 떠올려 보아요.

❷ 세모 모양을 감싸듯 수술대를 그리고 중심에서 오각형으로 뻗은 곡선을 그려요.

❸ 겹쳐진 꽃잎을 그린 후, 꽃 중심에 무늬를 그려요.

❹ 잎사귀 중심선을 먼저 그린 후, 잎사귀를 그려요.

완성

CHAPTER 12

크리스마스 트리

크리스마스 트리

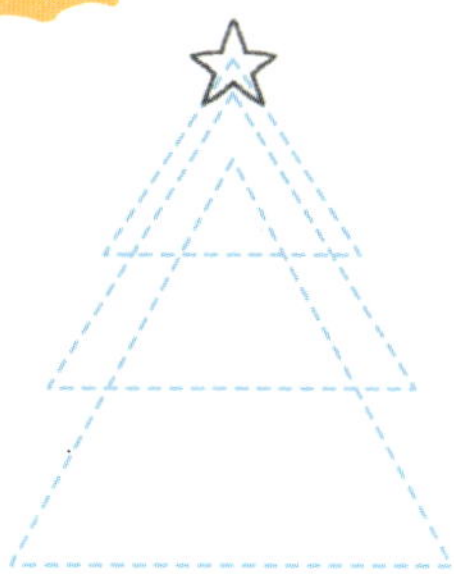

❶ 세모 모양 세 개를 떠올린 다음 꼭대기에 별을 그려요.

❷ 별 아래에 세모 모양의 나무 더미를 세 층으로 그려요.

❸ 나무 기둥과 화분을 그려요.

❹ 나무의 층마다 곡선 모양으로 작은 동그라미를 그리고 선으로 연결해 주세요.

❺ 나무의 층마다 큰 동그라미를 듬성듬성 그리고 나무 끝에 매달린 동그라미를 그려요.

❻ 나무 기둥과 화분에 무늬를 그려요.

완성

- 01 풍선
- 02 바람개비
- 03 리본
- 04 촛불
- 05 꽃병
- 06 찻잔
- 07 칫솔과 치약
- 08 드라이기
- 09 가위
- 10 포크
- 11 프라이팬
- 12 머그컵
- 13 연필
- 14 책
- 15 시계
- 16 목걸이
- 17 모자
- 18 양말
- 19 선글라스
- 20 가방
- 21 카메라
- 22 기타
- 23 슬리퍼
- 24 테이블
- 25 우산
- 26 의자
- 27 농구공
- 28 축구공

PART. 3

사물

CHAPTER 01-02

풍선&바람개비

풍선

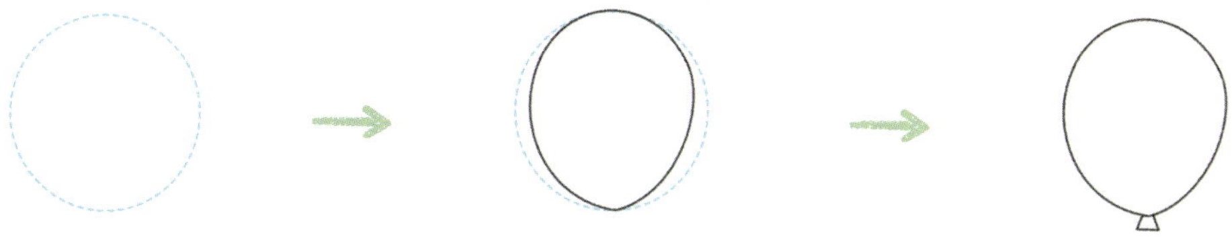

1 동그라미 모양을 떠올려 보아요.

2 아래가 살짝 좁아지는 동그라미를 그려요.

3 세모 모양으로 풍선 꼭지를 그려요.

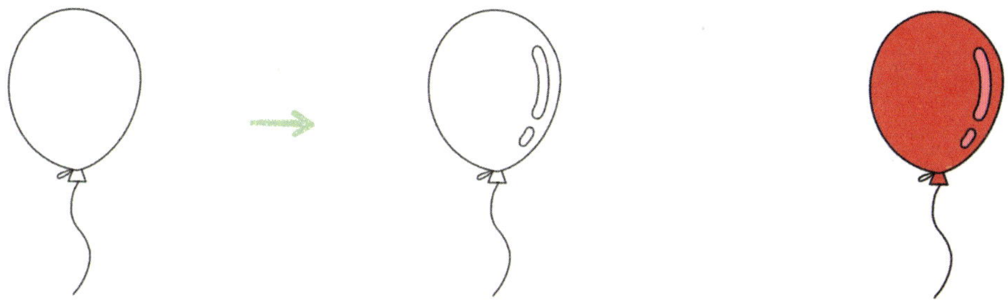

4 풍선 꼭지 아래에 곡선으로 끈을 그려요.

5 풍선 모양을 따라 광택을 그려서 볼륨감을 표현해 주세요.

완성

바람개비

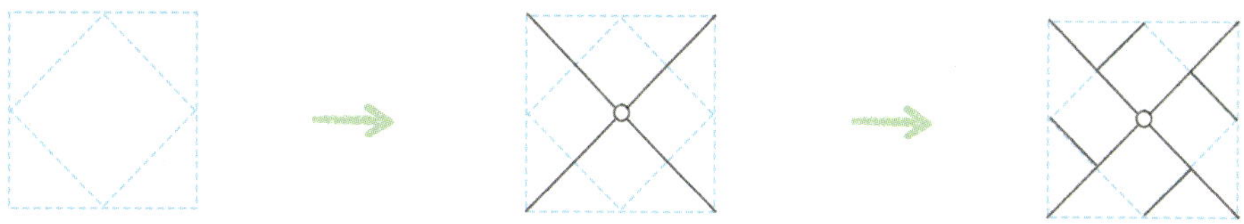

1 네모 모양 두 개를 떠올려 보아요.

2 가운데 작은 동그라미로 중심점을 그리고 바깥 네모 모서리까지 긴 선을 그려요.

3 긴 선의 가운데 부분에서 짧은 선을 옆으로 그려요.

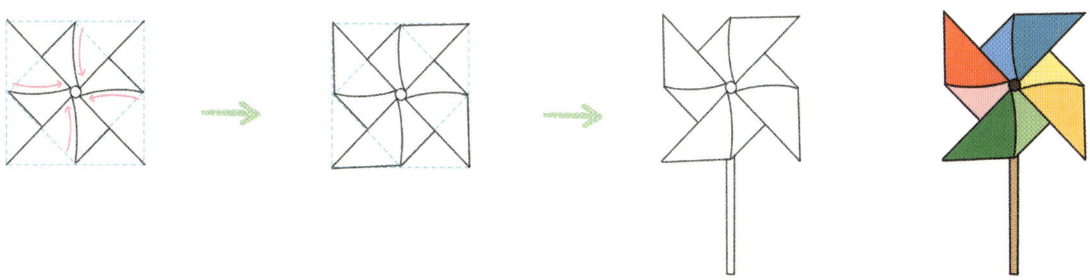

4 짧은 선 끝에서 가운데 동그라미까지 곡선으로 이어 주세요.

5 긴 선과 짧은 선을 큰 네모 선을 따라 이어 주세요.

6 아래에 막대기를 그려요.

완성

CHAPTER 03-04

리본&촛불

리본

❶ 네모 모양 한 개와 세모 모양 두 개를 떠올려 보아요.

❷ 작은 네모 모양으로 리본의 가운데 매듭 부분을 그려요.

❸ 매듭 양쪽에 둥글고 납작한 날개처럼 곡선을 그려요.

❹ 세모 모양 위쪽까지 둥글게 곡선을 그려요.

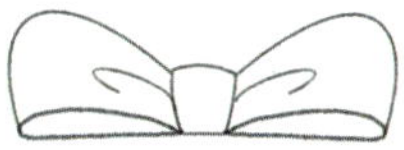

❺ 양쪽 옆에 리본 주름선을 그려요.

❻ 양쪽 아래에 리본 꼬리를 그려요.

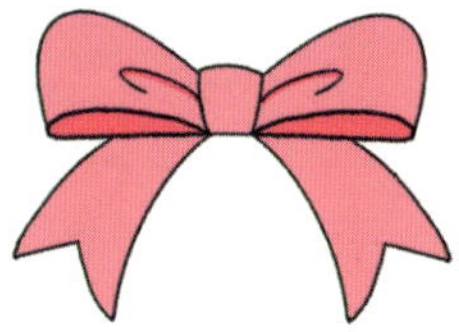

완성

촛불

❶ 동그라미 모양과 네모 모양을 떠올려 보아요.

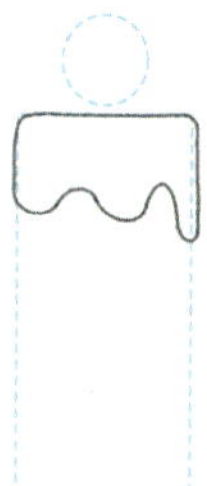

❷ 네모 모양 위쪽을 따라 아래로 흘러내린 초의 윗부분을 그려요.

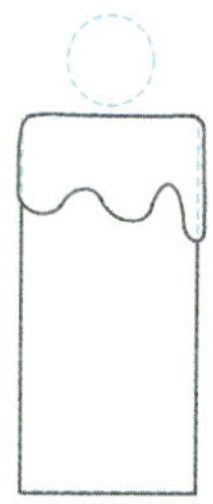

❸ 아래 네모 모양을 따라 초의 기둥을 그려요.

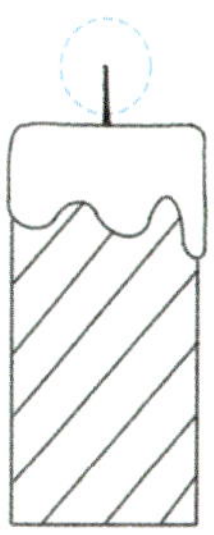

❹ 초의 기둥 부분에 사선으로 모양을 넣고 위쪽에 초의 심지를 그려요.

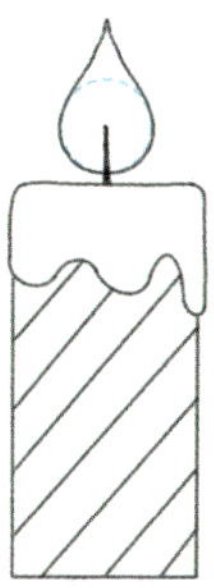

❺ 위쪽이 뾰족한 원형으로 초의 심지를 감싸는 큰 불꽃을 그려요

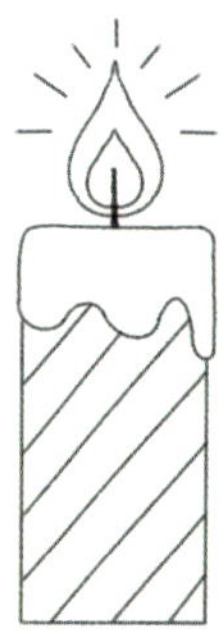

❻ 작은 불꽃을 하나 더 그리고 주변에 짧은 선을 그려서 불꽃의 빛을 그려요.

완성

CHAPTER 05-06

꽃병&찻잔

꽃병

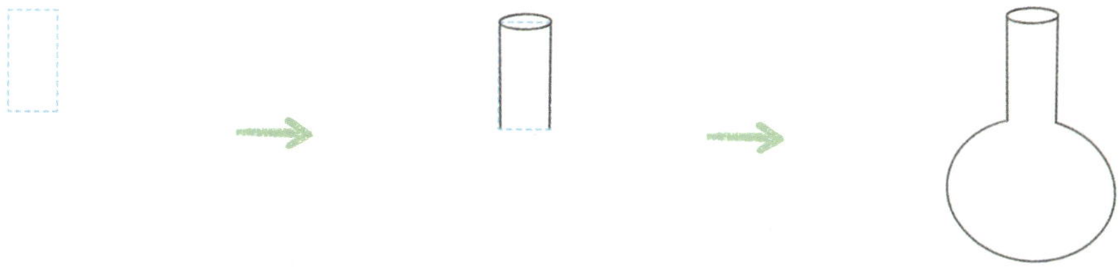

1 네모 모양을 떠올려 보아요.

2 납작한 동그라미로 꽃병의 입구를 그려요.

3 아래쪽에 동그라미 모양을 그려요.

4 줄기를 곡선으로 그리고 줄기 양쪽 옆에 둥근 잎사귀를 그려요.

5 줄기 끝에 꽃을 그리고 물결 모양 선과 화병의 광택을 그려요.

완성

찻잔

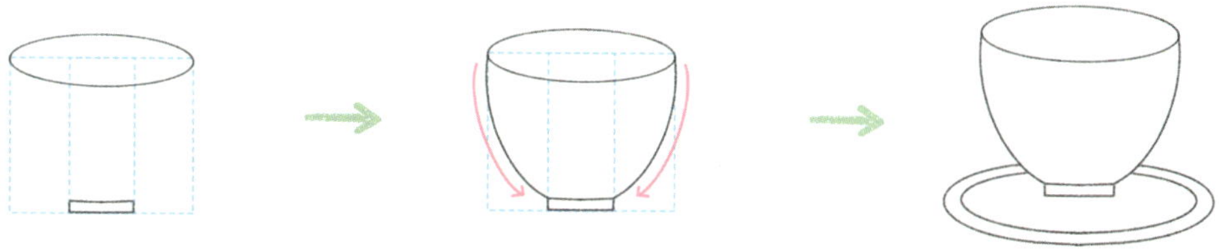

1 네모 모양 세 개를 떠올린 다음 위쪽에 동그라미와 아래쪽에 네모를 그려요.

2 위쪽의 동그라미와 아래쪽의 네모를 곡선으로 연결해 주세요.

3 찻잔 아래에 둥근 받침을 그려요.

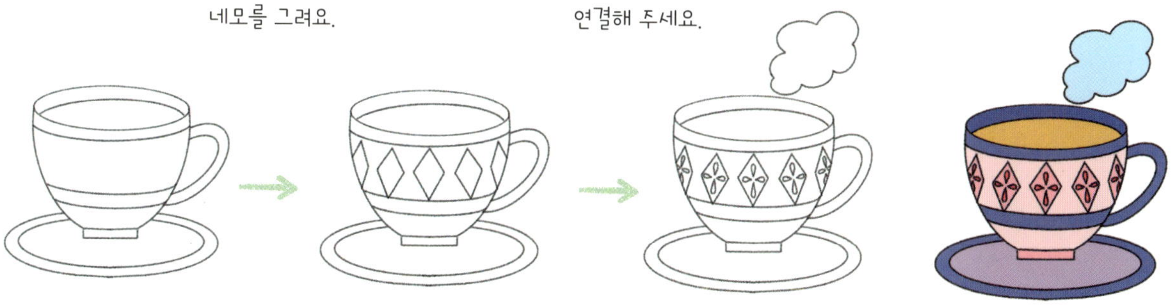

4 찻잔 오른쪽에 동그란 손잡이를 그리고 찻잔 안쪽과 바깥 부분에 선을 그려요.

5 찻잔에 그린 두 개의 선 사이에 다이아몬드 모양을 채워서 그려요.

6 다이아몬드 모양 안에 물방울 모양을 십자가 방향으로 그리고 찻잔 위에 구름 모양을 그려요.

완성

CHAPTER 07

칫솔과 치약

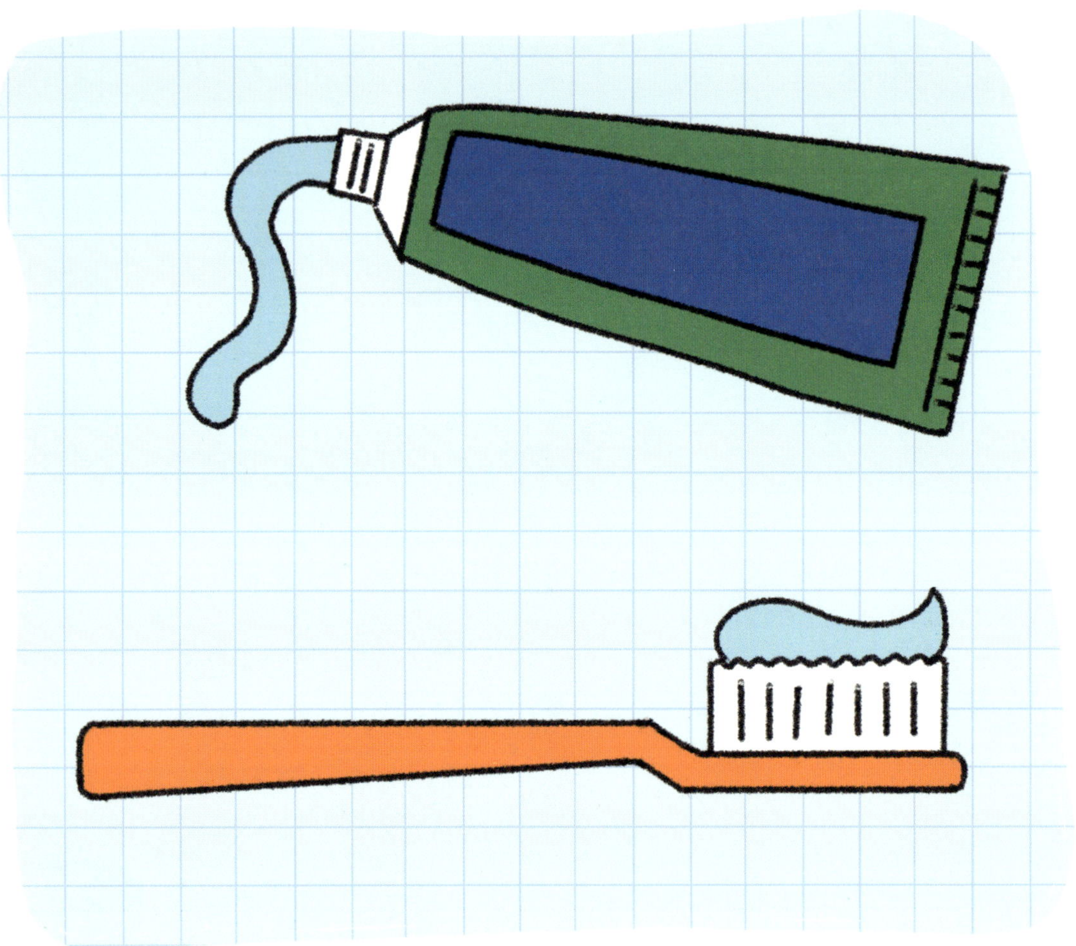

칫솔과 치약

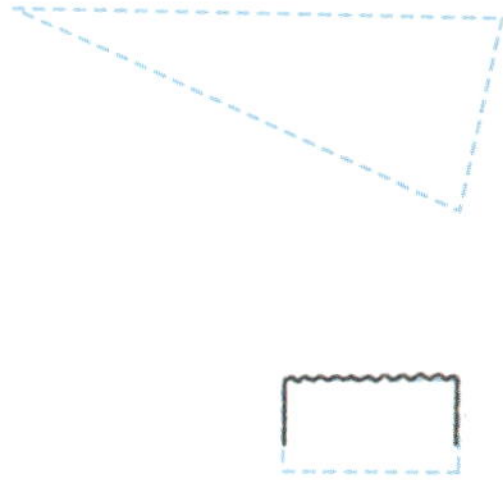

❶ 세모 모양과 네모 모양을 떠올린 다음 작은 네모의 위쪽이 울퉁불퉁하도록 선을 그려요.

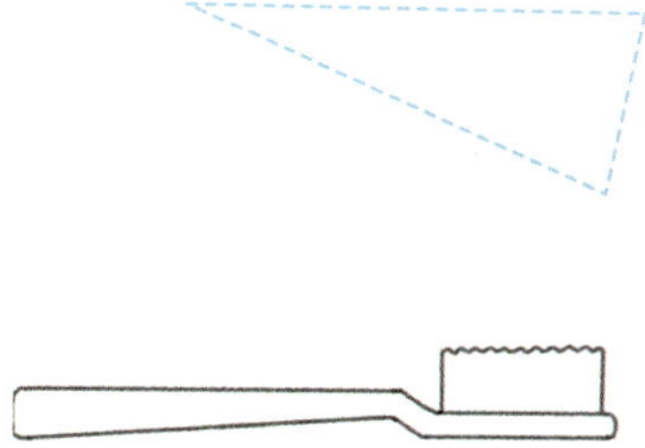

❷ 칫솔모 아래에 받침과 손잡이를 그려요.

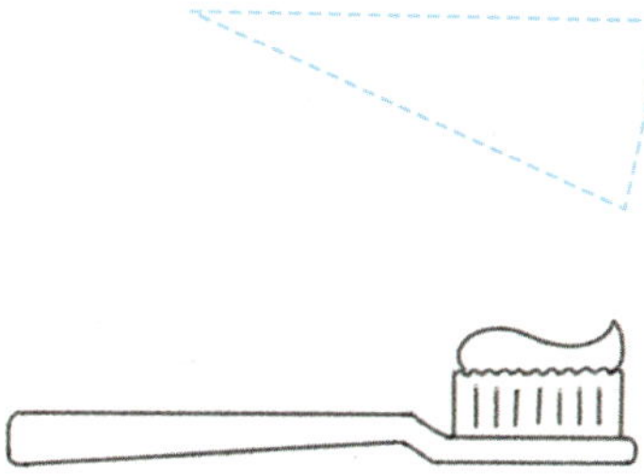

❸ 칫솔모 결과 위쪽에 짜인 치약을 휘어진 곡선으로 그려요.

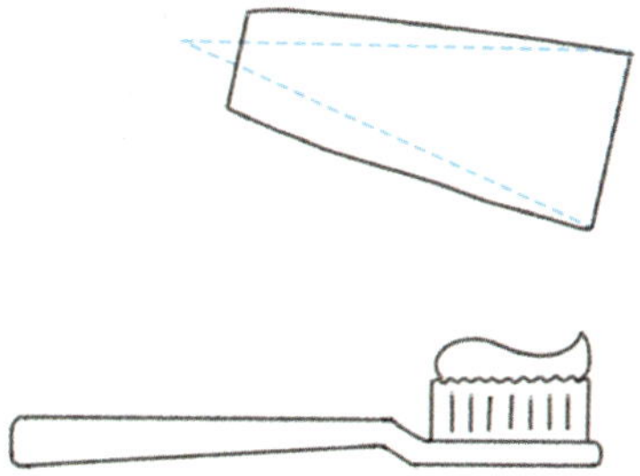

❹ 세모 모양을 따라 치약의 몸통 부분을 그려요.

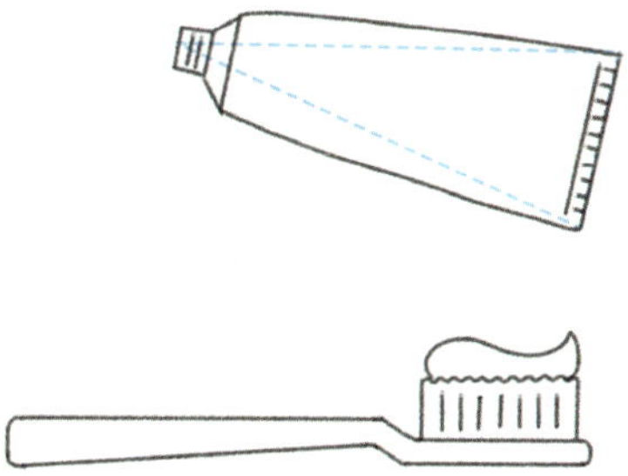

❺ 치약의 위쪽과 아래쪽에 추가 모양 선을 그려요.

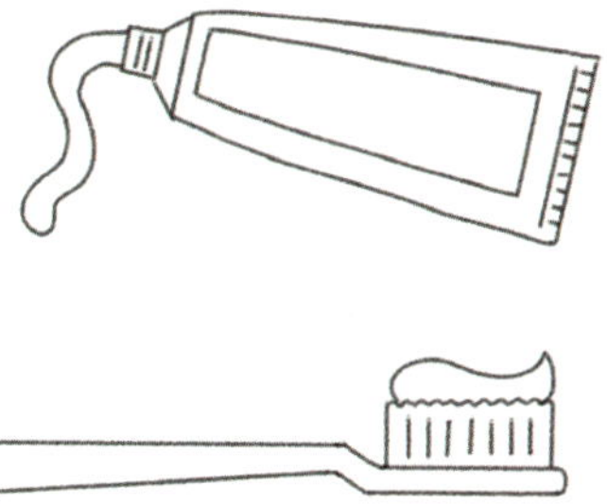

❻ 치약 입구에 흘러나온 치약을 길고 구불거리는 곡선으로 그려요.

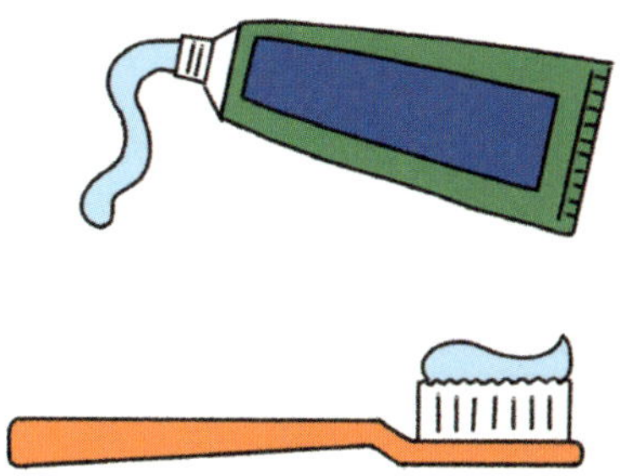

완성

CHAPTER 08-09 드라이기&가위

드라이기

1 동그라미 모양을 떠올린 다음 그려 보아요.

2 동그라미 안쪽에 더 작은 동그라미를 두 개 그려요.

3 가장 안쪽의 동그라미에서 두 번째 동그라미까지 짧은 선으로 연결해 주세요.

4 동그라미 왼쪽에 바람이 나오는 입구를 길게 그려요.

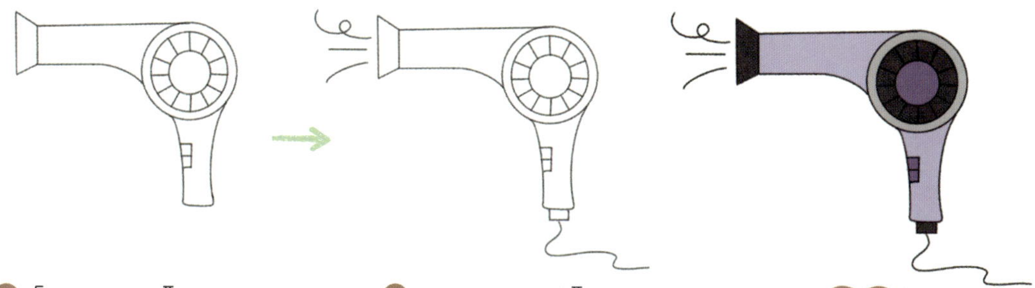

5 동그라미 아래쪽에 드라이기 손잡이와 버튼을 그려요.

6 드라이기 선과 앞쪽에 바람이 나오는 모양을 그려요.

완성

가위

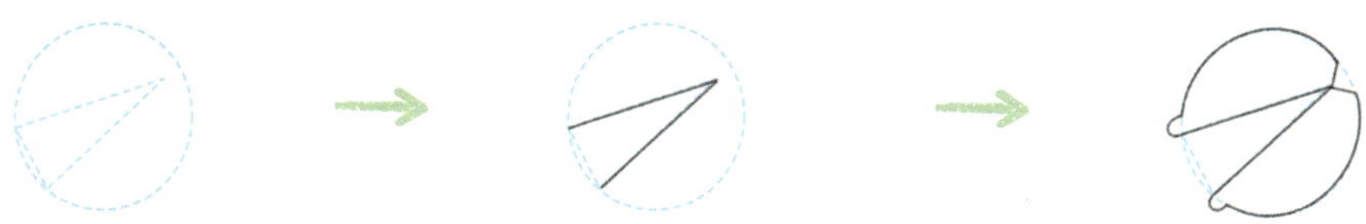

1 동그라미 모양과 세모 모양을 떠올려 보아요.

2 세모 모양을 따라 뾰족한 부분을 그려요.

3 동그라미 모양을 따라 가위의 손잡이 부분을 그려요.

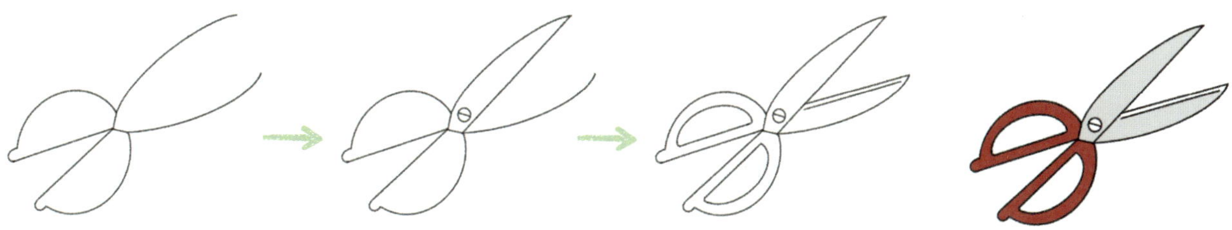

4 가위 날의 바깥선을 큰 곡선으로 그려요.

5 곡선 끝과 손잡이를 이어 주고 작은 동그라미로 중심 나사를 그려요.

6 반대쪽 가위 날을 그리고 손잡이 구멍을 그려요.

완성

CHAPTER 10-11

포크&프라이팬

포크

1 세모 모양을 떠올려 보아요.

2 세모의 뾰족한 부분을 중심으로 양쪽에 깊은 곡선을 두 개 그려요.

3 포크의 머리를 둥글게 그려요.

4 세모 모양을 따라 포크의 손잡이를 길게 그려요.

5 손잡이 부분을 나누고 작은 동그라미로 구멍을 그려요.

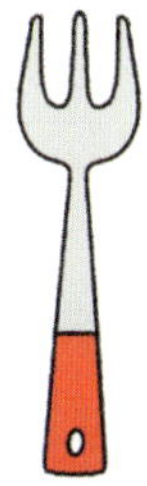

완성

프라이팬

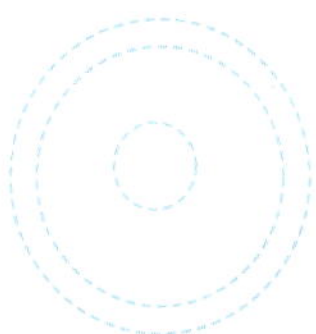

1 동그라미 모양 세 개를 떠올려 보아요.

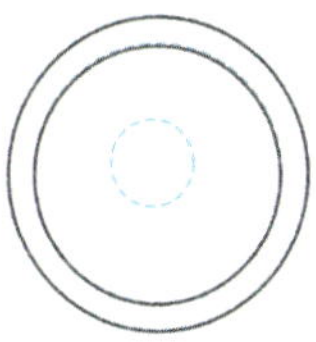

2 동그라미를 두 개 그려요.

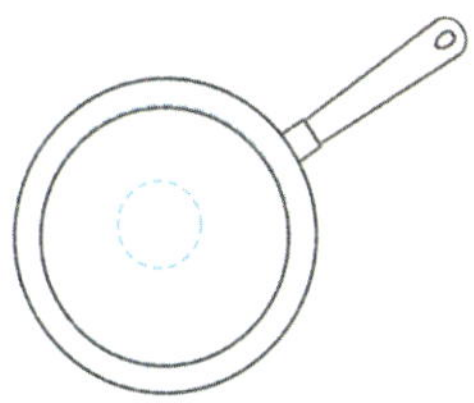

3 동그라미 옆에 프라이팬 손잡이를 그려요.

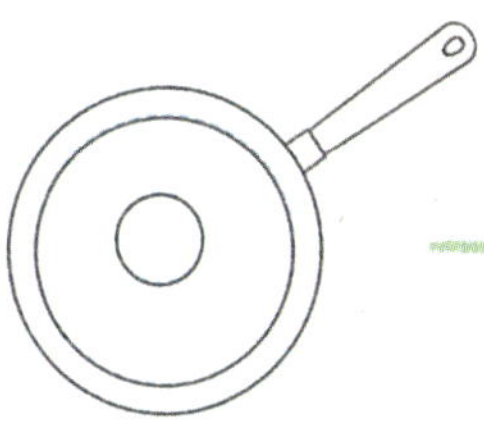

4 프라이팬 안쪽에 작은 동그라미를 그려요.

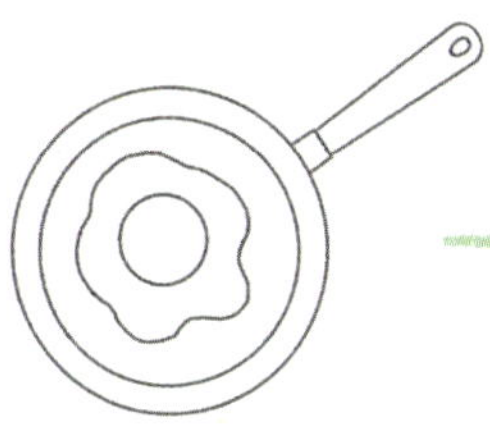

5 작은 동그라미 주변으로 자유롭게 퍼진 곡선을 그려요.

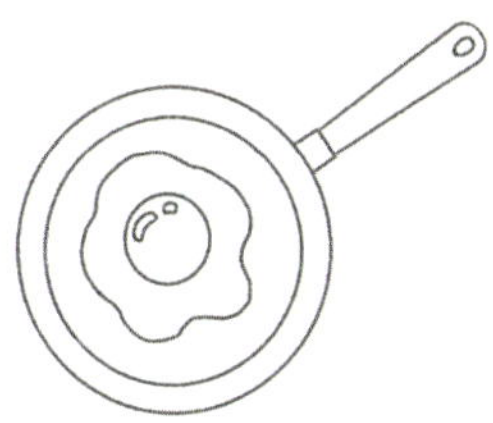

6 계란프라이 노른자 동그라미에 반짝이는 광택을 그려요

완성

CHAPTER 12-13

머그컵&연필

머그컵

❶ 네모 모양을 떠올려 보아요.

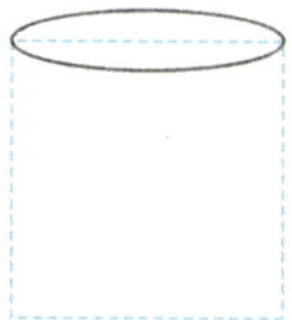

❷ 네모 모양 위쪽에 납작한 동그라미를 그려요.

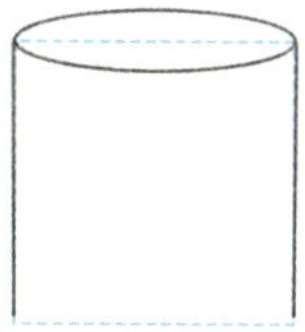

❸ 네모 모양을 따라 컵의 기둥을 그려요.

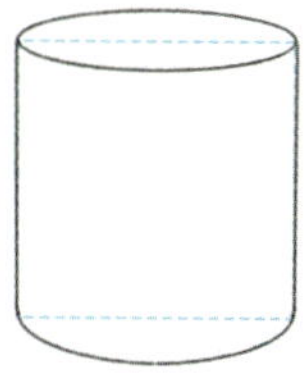

❹ 컵의 아랫부분을 곡선으로 그려요.

❺ 컵 옆에 둥근 손잡이를 그려요.

❻ 머그컵에 느낌표 모양으로 빛나는 광택을 그려요.

완성

연필

❶ 네모 모양을 떠올린 다음 옆면과 아래쪽을 따라 그려 보아요.

❷ 위쪽을 뾰족뾰족하게 그리고 연필 기둥 아래쪽 끝을 나누어 주세요.

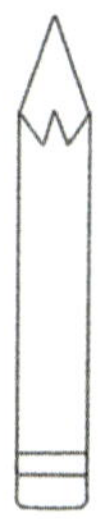

❸ 연필 앞부분을 뾰족하게 그리고 연필 뒷부분에 지우개를 그려요.

❹ 곡선으로 연필심 부분을 그려요.

❺ 연필 기둥에 선 두 개를 길게 그려요.

완성

CHAPTER 14-15

책&시계

책

1 네모 모양 두 개를 떠올려 보아요.

2 네모 두 개의 가운데 선을 그려요.

3 가운데 선에서 양쪽 네모 모양 끝까지 둥근 곡선으로 이어 주세요.

4 뒤쪽에 책 페이지를 어긋나게 그려요.

5 가운데 책갈피 끈을 곡선으로 그려요.

6 양쪽 페이지의 글씨를 구불거리는 선으로 그려요.

완성

시계

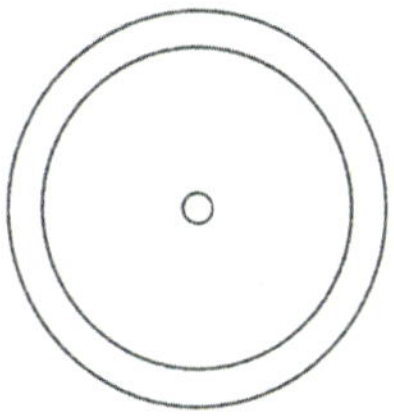

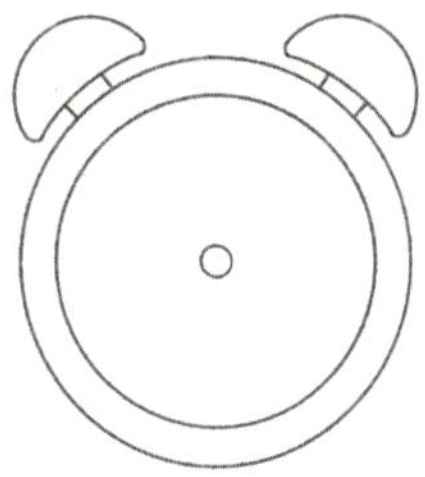

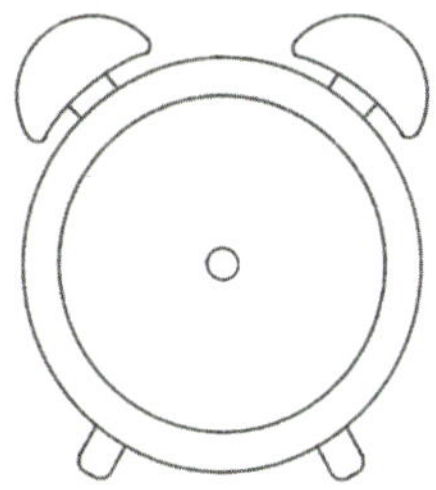

1 동그라미 모양 세 개를 떠올린 다음 그려 보아요.

2 동그라미 위쪽에 둥근 알람 종을 그려요.

3 동그라미 아래쪽에 시계 다리를 그려요.

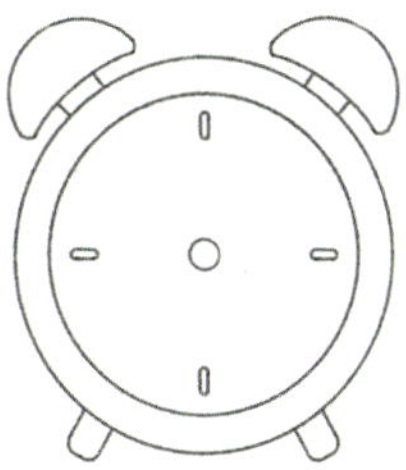

4 동그라미 안쪽에 십자가 방향으로 시계판을 그려요.

5 가운데 작은 동그라미에서 뻗어 나온 긴 시곗바늘과 짧은 시곗바늘을 그려요.

완성

CHAPTER 16-17

목걸이&모자

목걸이

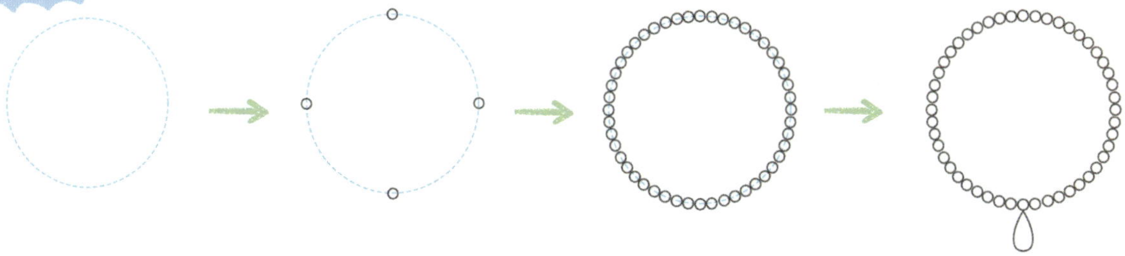

❶ 동그라미 모양을 떠올려 보아요.

❷ 큰 동그라미의 십자가 방향에 기준이 되는 작은 동그라미를 그려요.

❸ 동그라미 사이마다 작은 동그라미를 채워 그려요.

❹ 동그란 목걸이 모양 아래에 물방울 모양의 펜던트를 그려요.

❺ 물방울 모양 주변에 반달 모양을 둘러 주세요.

❻ 둥근 원형으로 펜던트의 빛나는 광택을 그려요.

완성

모자

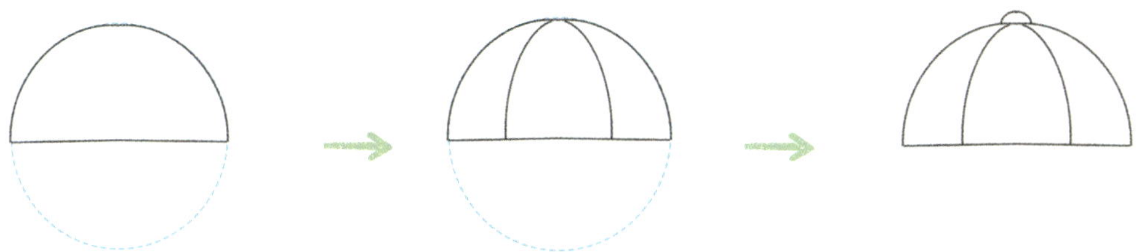

❶ 동그라미 모양을 떠올린 다음 반원을 그려요.

❷ 반원의 안쪽을 곡선으로 나누어 주세요.

❸ 반원 위쪽에 둥근 단추를 그려요.

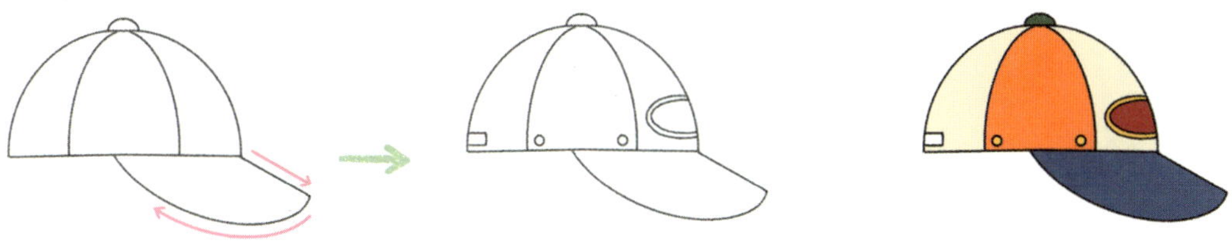

❹ 모자의 챙을 그려요.

❺ 모자의 판 부분에 동그라미와 네모로 꾸며 주세요.

완성

CHAPTER 18-19

양말&선글라스

양말

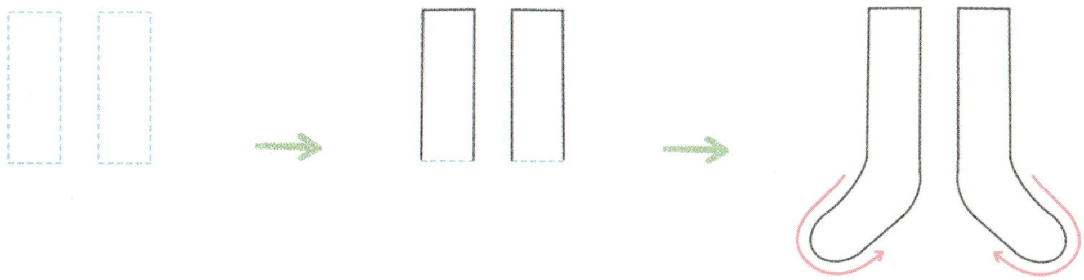

❶ 네모 모양 두 개를 떠올려 보아요.

❷ 네모를 따라 양말의 목 부분을 그려요.

❸ 곡선을 연결하여 양말의 발 부분을 그려요.

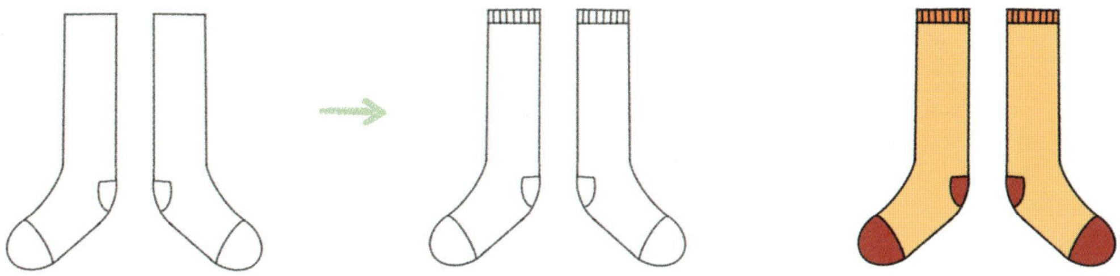

❹ 곡선의 앞부분을 나누고 발꿈치 부분을 그려요.

❺ 양말 목부분에 촘촘한 선으로 밴딩을 그려요.

완성

선글라스

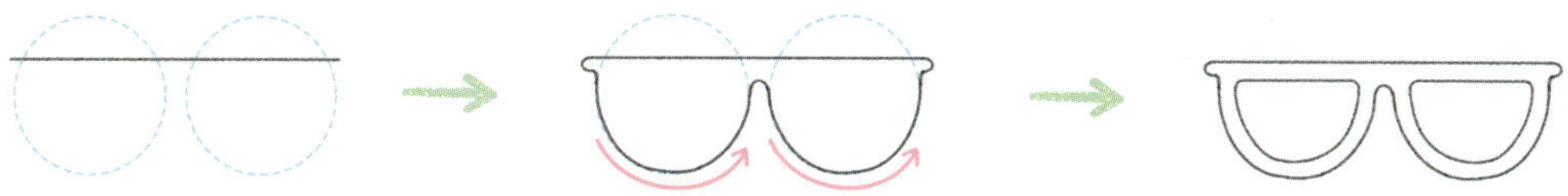

❶ 동그라미 두 개를 떠올린 다음 두 개를 연결하는 선을 그려요.

❷ 동그라미 모양을 따라 안경의 형태를 그려요.

❸ 양쪽에 둥근 반달 모양으로 렌즈를 그려요.

❹ 선글라스 다리를 그려요.

❺ 렌즈에 빛이 반사되는 모양을 그려요.

완성

CHAPTER 20-21

가방&카메라

가방

1 네모 모양을 떠올려 보아요.

2 아래쪽 모서리가 둥근 네모를 그려요.

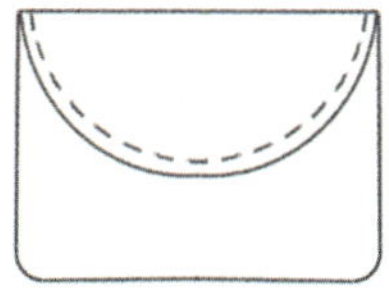

3 반달 모양으로 가방의 덮개를 그려요.

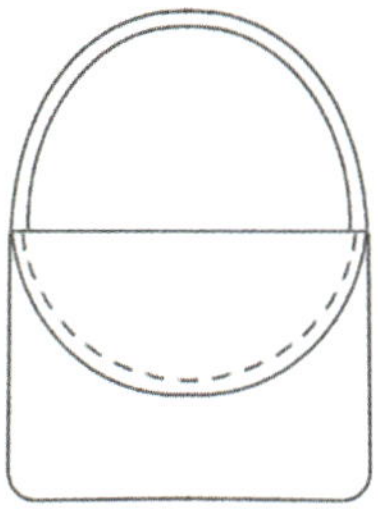

4 네모 위쪽에 둥근 선으로 가방끈을 그려요.

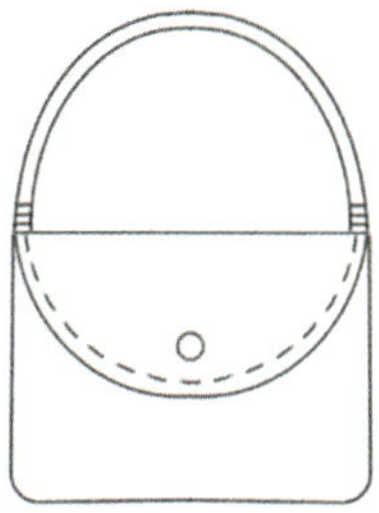

5 가방끈 연결 부위를 그리고 가운데 동그란 단추를 그려요.

완성

카메라

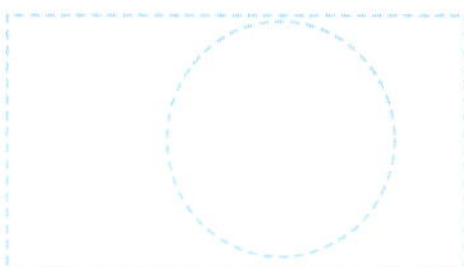

1 네모 모양과 동그라미 모양을 떠올려 보아요.

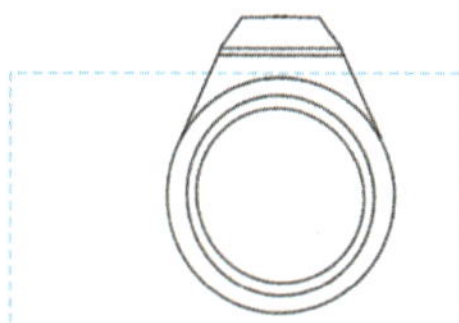

2 동그라미 세 개를 그리고 위쪽에 플래시 부분을 그려요.

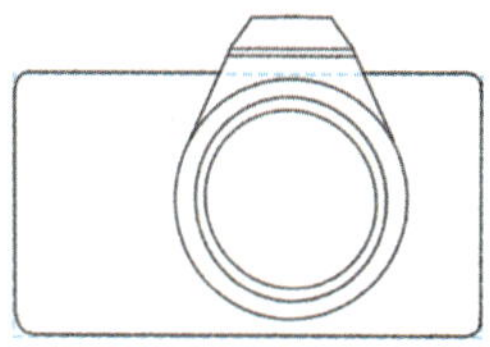

3 모서리가 부드러운 네모를 그려요.

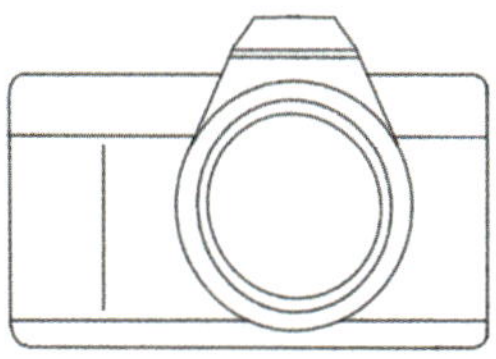

4 네모 안쪽의 영역을 선으로 나누어 그려요.

5 카메라 버튼들과 장식을 그려요.

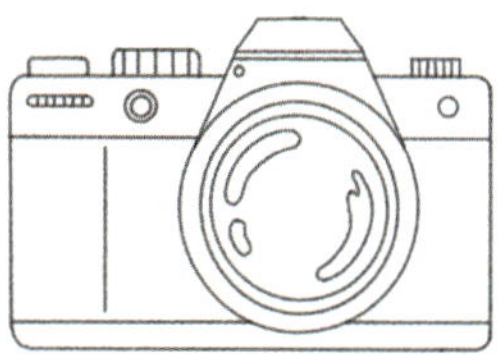

6 카메라 렌즈에 빛나는 부분을 그려요.

완성

CHAPTER 22

기타

기타

❶ 네모 모양과 동그라미 모양을 떠올린 다음 작은 동그라미 두 개를 그려요.

❷ 위쪽으로 올라갈수록 좁아지는 네모를 그려요.

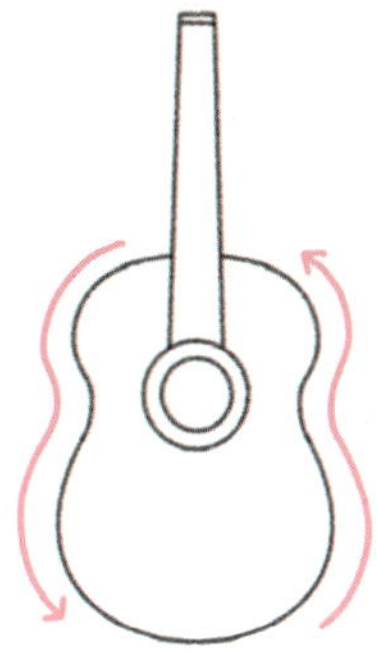

❸ 둥근 곡선으로 기타의 몸통을 그려요.

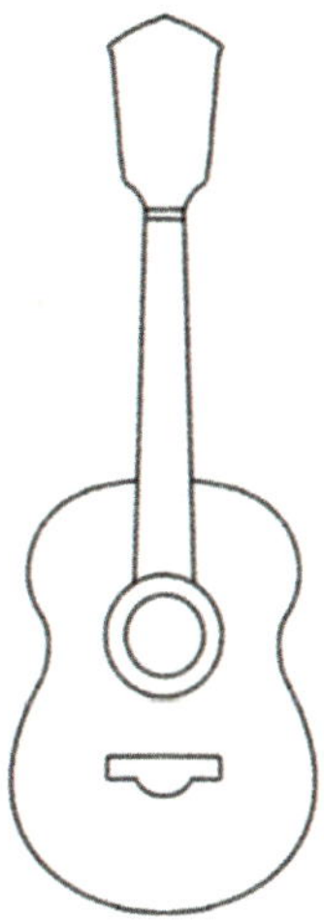

❹ 네모 끝에 기타 헤드를 그리고 동그라미 아래쪽에 줄 고정하는 부품을 그려요.

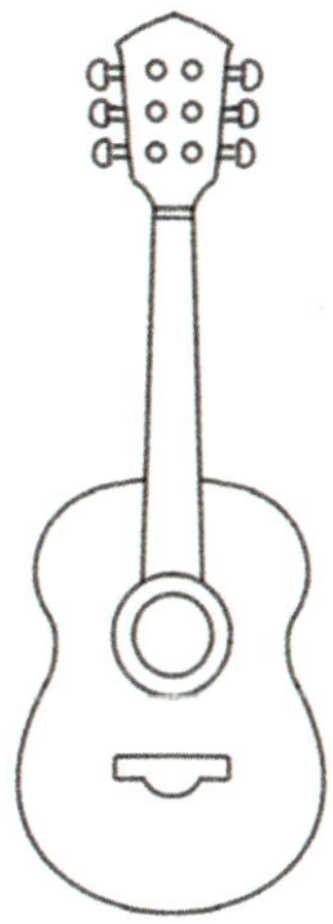

❺ 기타 헤드에 작은 동그라미를 여섯 개 그리고 양쪽 옆에 세 개씩 줄을 감는 부품을 그려요.

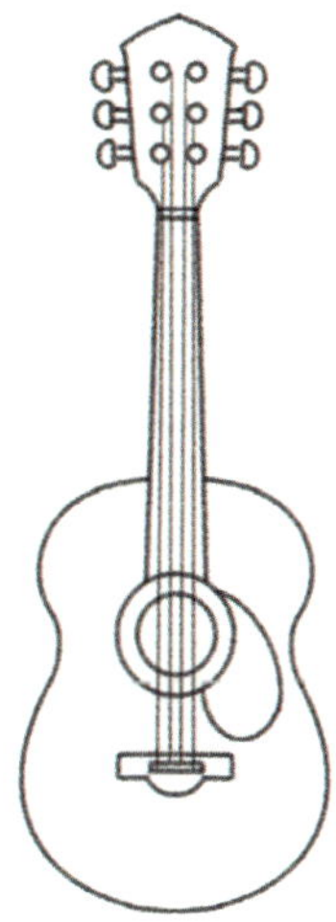

❻ 동그라미 옆으로 큰 물방울 모양을 그리고 기타 줄을 그려요.

*기타줄은 6줄이지만 너무 복잡하게 보여서 그림에서는 4줄만 그려 주기도 해요.

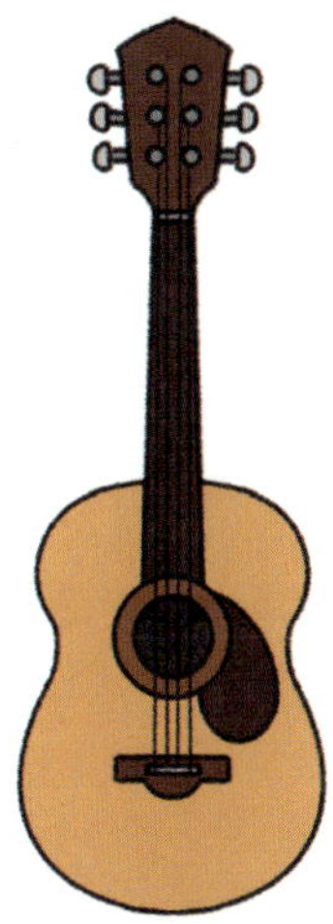

완성

CHAPTER 23-24

슬리퍼&테이블

슬리퍼

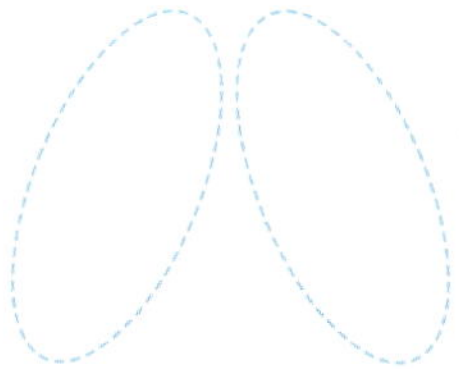

❶ 동그라미 두 개를 떠올려 보아요.

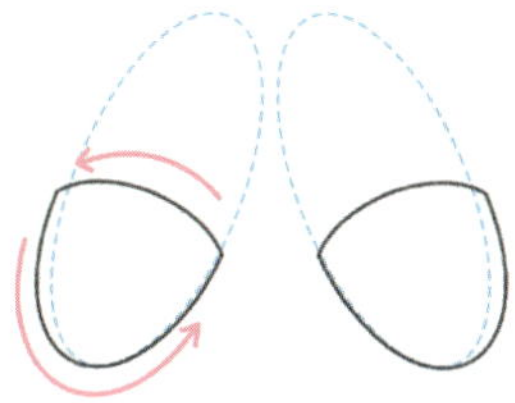

❷ 슬리퍼의 앞부분을 둥글게 그려요.

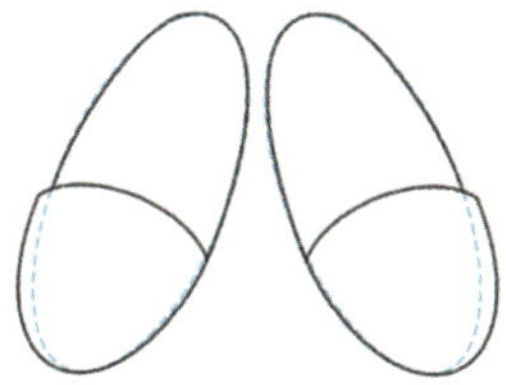

❸ 슬리퍼의 바닥 부분을 긴 원형을 따라 그려요.

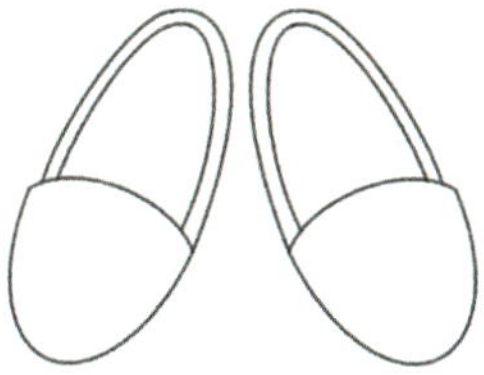

❹ 바닥 원형 안쪽에 한 번 더 둥글게 곡선을 그려요.

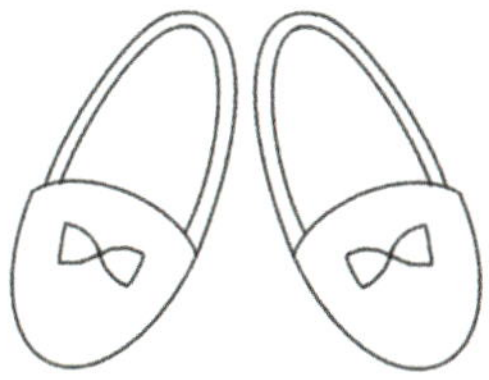

❺ 슬리퍼 위에 작은 리본을 그려요.

완성

테이블

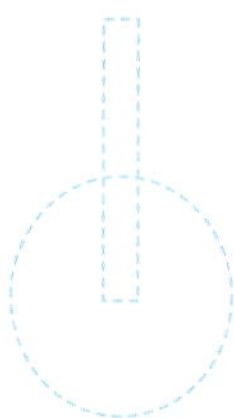

❶ 네모 모양과 동그라미 모양을 떠올려 보아요.

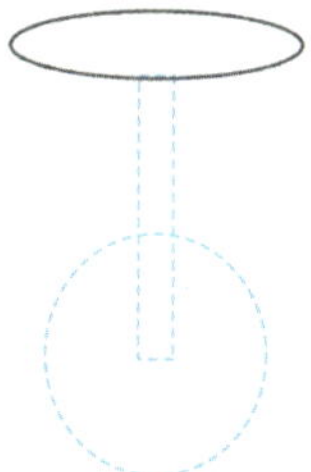

❷ 납작한 동그라미를 그려요.

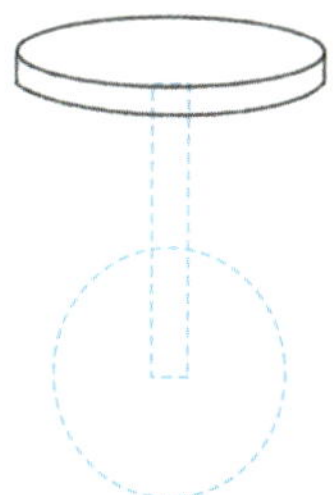

❸ 동그라미 아래쪽으로 두께를 만들어 주세요.

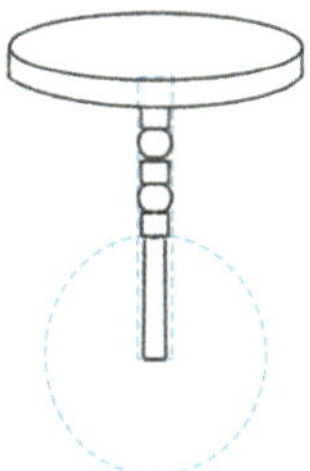

❹ 상판 아래에 작은 네모와 동그라미를 번갈아 가며 그려요.

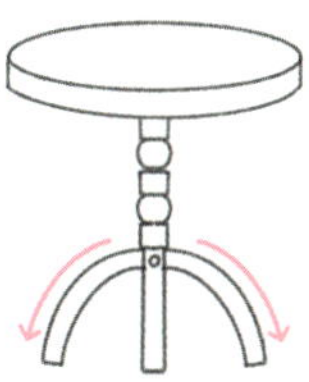

❺ 양쪽으로 둥근 곡선 다리를 그리고 가운데 동그란 나사를 그려요.

완성

CHAPTER 25-26

우산&의자

우산

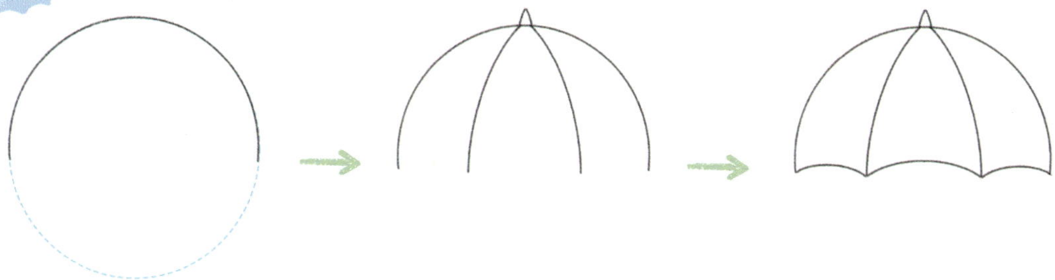

❶ 동그라미 모양을 떠올린 다음 위쪽의 반원 곡선을 그려요.

❷ 위쪽에 뾰족한 꼭지를 그리고 아래를 향한 곡선을 그려요.

❸ 아래쪽 부분을 곡선으로 이어 주세요.

❹ 우산 기둥과 손잡이를 그려요.

❺ 뾰족한 부분에 물방울 모양을 그려요.

완성

의자

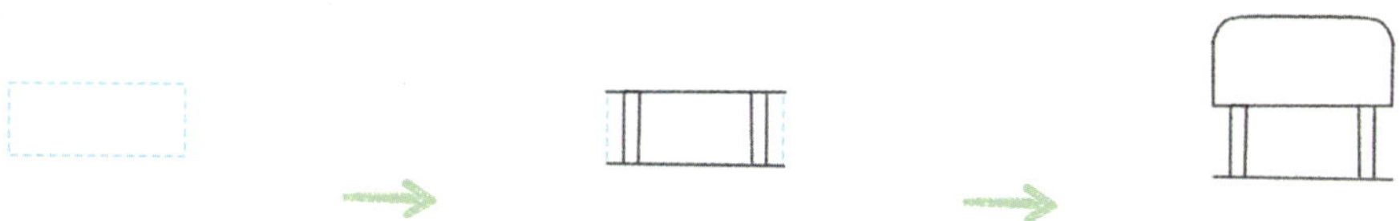

❶ 네모 모양을 떠올려 보아요.

❷ 네모 모양을 따라 위아래 선을 그리고 양쪽에 지지대를 그려요.

❸ 지지대 위쪽으로 등받이를 그려요.

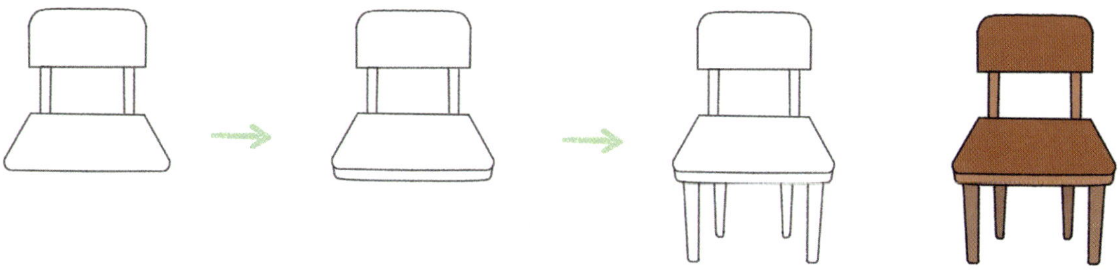

❹ 지지대 아래쪽으로 의자 판을 그려요.

❺ 의자 판 아래에 선을 그려서 두께감을 주세요.

❻ 의자 판 아래에 네 개의 다리를 그려요.

완성

CHAPTER 27-28

농구공&축구공

야구공은 이렇게 그려주세요!

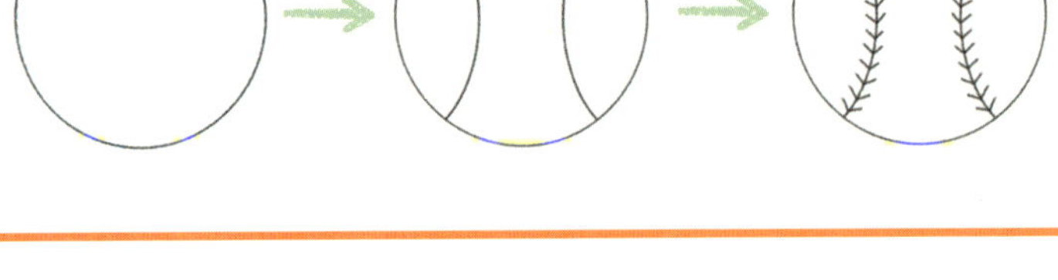

농구공

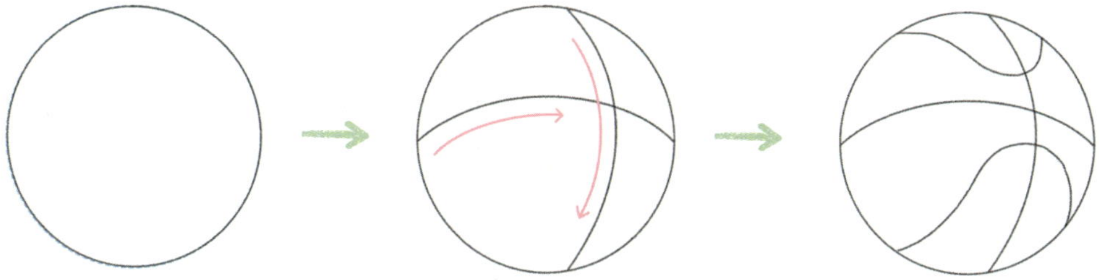

❶ 동그라미 모양을 떠올린 다음 그려 보아요.

❷ 동그라미를 십자가 방향으로 나누어 곡선을 그려요.

❸ 중심선 위아래에 공을 둘러싸는 느낌으로 곡선을 그려요.

완성

축구공

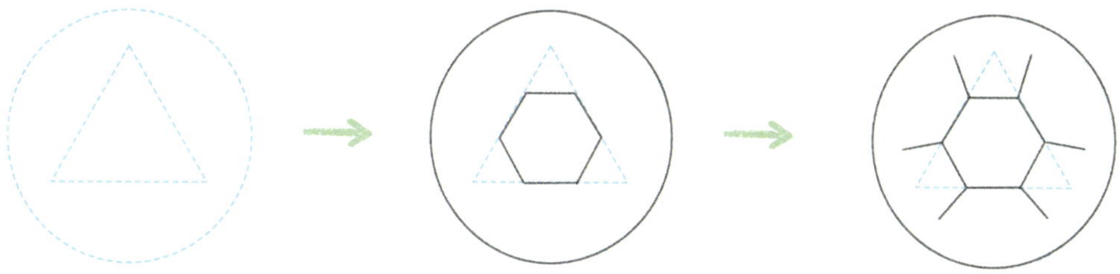

❶ 세모 모양과 동그라미 모양을 떠올려 보아요.

❷ 큰 동그라미를 그리고 가운데 육각형을 그려요.

❸ 육각형의 꼭짓점마다 바깥으로 뻗은 선을 그려요.

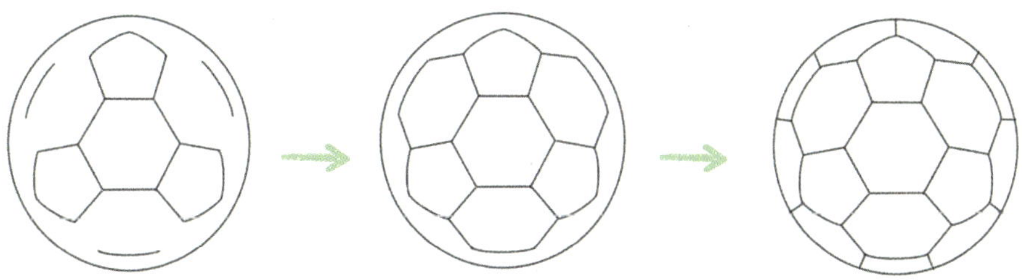

❹ 두 선을 이어 주며 오각형을 그리고 큰 동그라미 안쪽에 곡선을 세 개 그려요.

❺ 곡선과 오각형의 끝을 이어 주세요.

❻ 곡선과 바깥 큰 동그라미를 이어 주세요.

완성

01 꿀벌
02 나비
03 잠자리
04 토끼
05 강아지(푸들)
06 강아지(닥스훈트)
07 고양이
08 놀란 고양이
09 사자
10 생쥐
11 고슴도치
12 닭
13 병아리
14 다람쥐
15 악어
16 달팽이
17 판다
18 곰
19 코끼리
20 젖소
21 코알라
22 돼지
23 양
24 기린
25 무당벌레
26 애벌레
27 부엉이
28 새
29 펭귄
30 돌고래
31 고래
32 상어
33 톱상어
34 물고기
35 오징어
36 문어
37 거북이
38 게
39 가오리
40 해마
41 육식공룡
42 초식공룡
43 익룡
44 얼룩말
45 호랑이
46 여우
47 타조
48 원숭이
49 사슴

PART. 4

동물

CHAPTER 01-02

꿀벌&나비

꿀벌

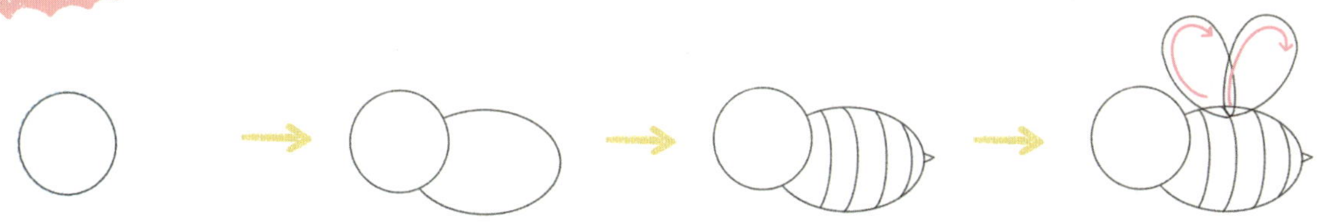

❶ 동그라미 모양을 떠올린 다음 그려 보아요.

❷ 둥근 몸통을 그려요.

❸ 몸통에 줄무늬를 넣고 뾰족한 세모를 그려요.

❹ 날개를 두 개 겹쳐서 그려요.

❺ 동그란 더듬이를 그려요.

❻ 얼굴을 그리고 빙글빙글 돌아간 점선을 그려요.

완성

나비

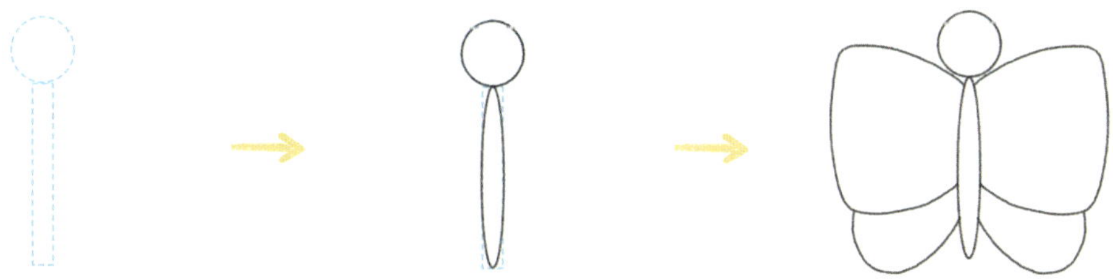

❶ 네모 모양과 동그라미 모양을 떠올려 보아요.

❷ 동그라미를 그리고 길고 둥근 몸통을 그려요.

❸ 몸통 양쪽에 큰 날개와 작은 날개를 그려요.

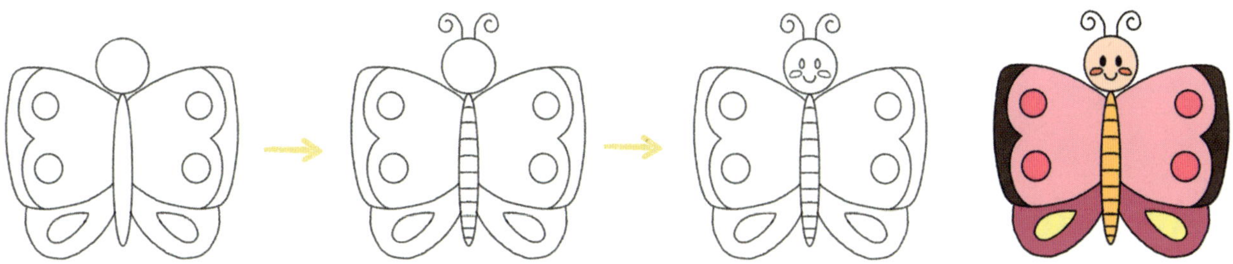

❹ 날개에 무늬를 그려요.

❺ 더듬이를 그리고 몸통에 줄무늬를 그려요.

❻ 얼굴을 그려요.

완성

CHAPTER 03-04

잠자리&토끼

잠자리

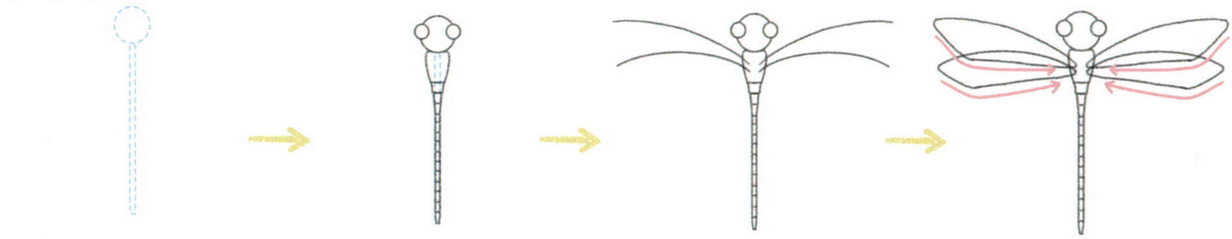

❶ 동그라미 모양과 네모 모양을 떠올려 보아요.

❷ 동그라미로 머리를 그리고 가슴에서 꼬리까지 마디를 연결하여 그려요.

❸ 가슴에서 밖으로 휘어진 날개 곡선을 그려요.

❹ 위쪽 날개와 아래쪽 날개를 그려요.

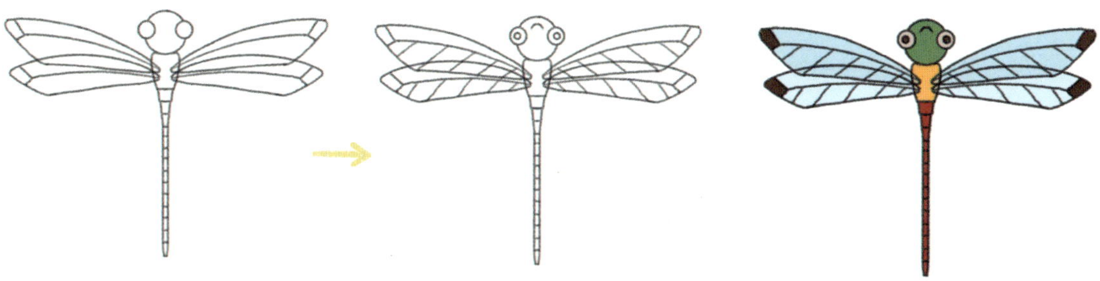

❺ 날개 끝에 네모를 그리고 날개 가운데 곡선을 그려요.

❻ 곡선 아랫부분에 날개 무늬를 그리고 얼굴을 그려요.

완성

토끼

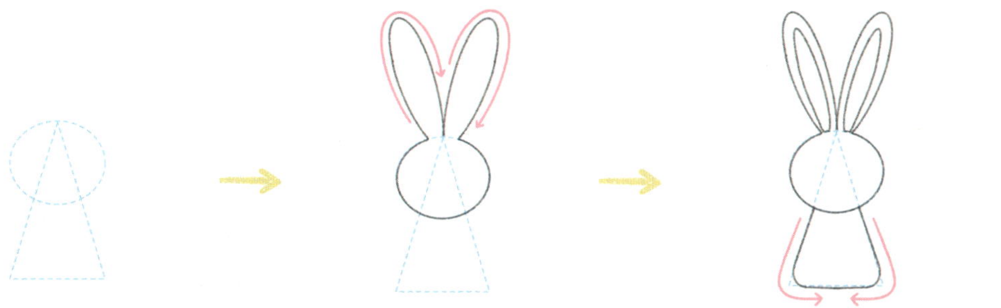

❶ 동그라미 모양과 세모 모양을 떠올려 보아요.

❷ 길고 둥근 곡선을 두 개 그리고 동그라미를 그려요.

❸ 귀의 안쪽을 그리고 둥근 세모를 그리듯 몸통을 그려요.

❹ 몸통 아래에 둥근 발을 그리고 팔을 그려요.

❺ 둥근 곡선으로 배를 그려요.

❻ 얼굴을 그려요.

완성

CHAPTER 05-06 강아지(푸들&닥스훈트)

강아지(푸들)

1 동그라미 모양 세 개와 세모 모양 한 개를 떠올려 보아요.

2 동글동글 곡선으로 머리와 귀를 그려요.

3 동그란 얼굴을 그려요.

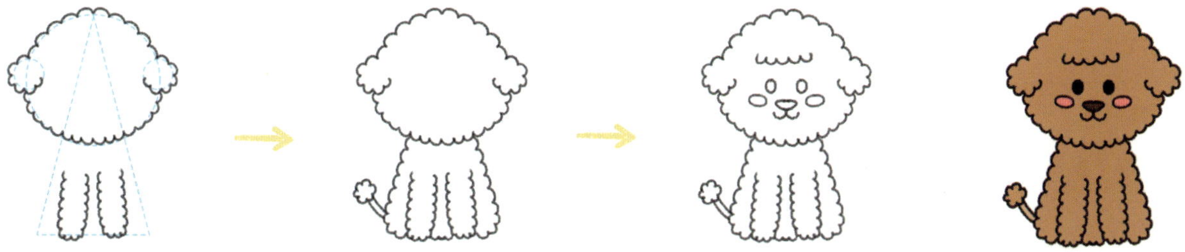

4 긴 다리 두 개를 그려요.

5 세모 모양의 몸통과 동그란 꼬리를 그려요.

6 앞머리와 얼굴을 그려요.

완성

강아지(닥스훈트)

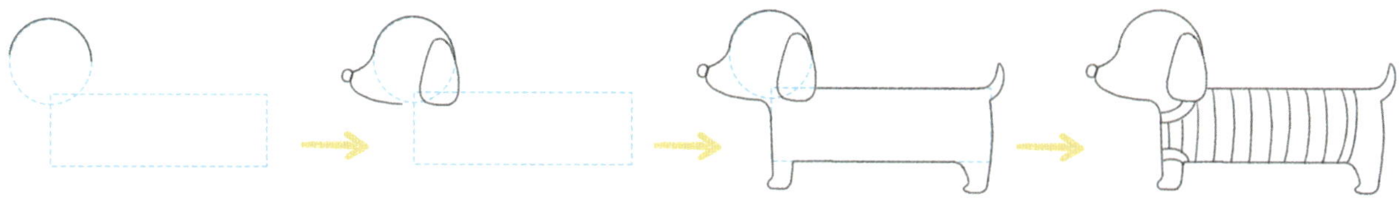

1 네모 모양과 동그라미 모양을 떠올린 다음 윗부분을 곡선으로 그려요.

2 강아지 코와 귀를 그려요.

3 네모 모양을 따라 몸통과 다리를 그려요.

4 옷에 줄무늬를 그려요.

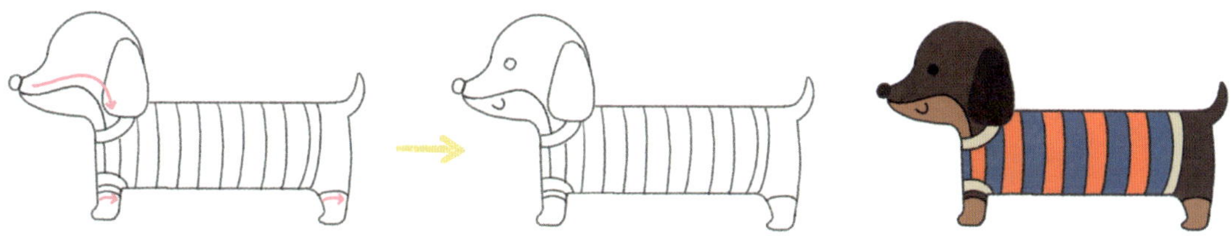

5 다리와 턱에 곡선을 그려요.

6 얼굴을 그려요.

완성

CHAPTER 07-08

고양이&놀란 고양이

고양이

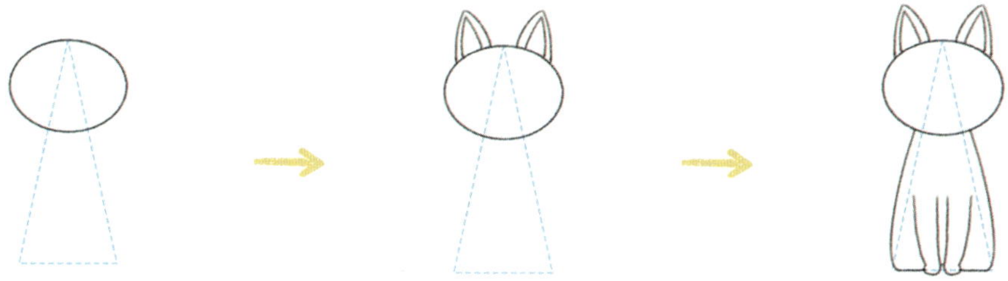

1 동그라미 모양과 세모 모양을 떠올린 다음 얼굴 형태를 그려요.

2 동그라미 위에 뾰족한 귀를 그려요.

3 둥근 세모를 그리듯 몸통을 그려요.

4 옆으로 휘어진 꼬리를 그려요.

5 머리와 발, 꼬리에 무늬를 그려요.

6 얼굴과 수염을 그려요.

완성

놀란 고양이

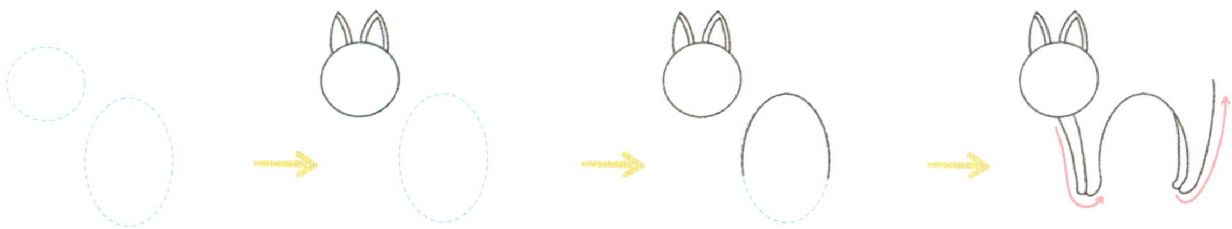

1 동그라미 모양 두 개를 떠올려 보아요.

2 동그라미를 그리고 위에 뾰족한 귀를 그려요.

3 동그란 곡선을 그려요.

4 곡선 앞뒤에 다리를 그려요.

5 뾰족한 선으로 등과 꼬리를 그려요.

6 얼굴을 그려요.

완성

CHAPTER 09

사자

사자

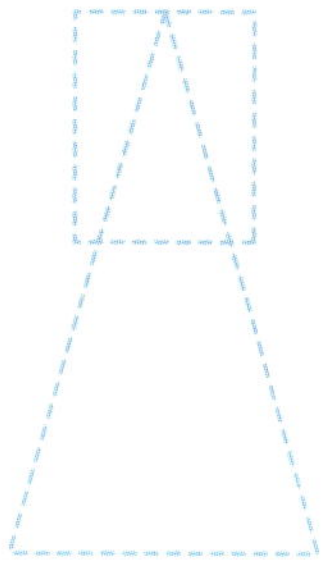

❶ 네모 모양과 세모 모양을 떠올려 보아요.

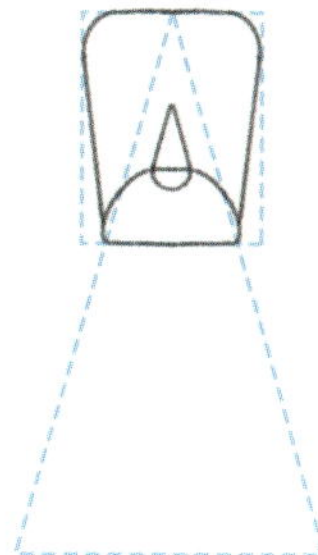

❷ 얼굴 중심에 코를 그리고 네모 모양을 따라 얼굴 모양을 그려요.

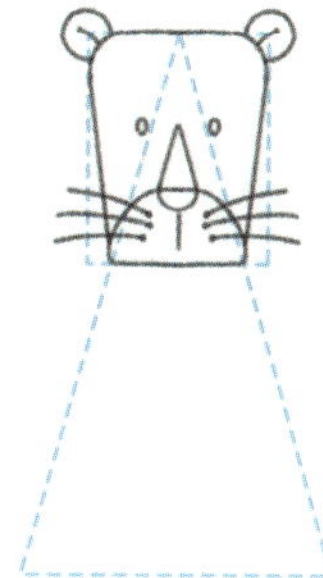

❸ 둥근 귀와 얼굴을 그려요.

❹ 머리 주변에 풍성한 갈기를 그리고 앞다리 길이만큼 선을 그려요.

❺ 몸통과 뒷다리를 그려요.

❻ 앞발과 뒷발을 그리고 앞쪽으로 휘어진 꼬리를 그려요.

완성

CHAPTER 10-11

생쥐&고슴도치

생쥐

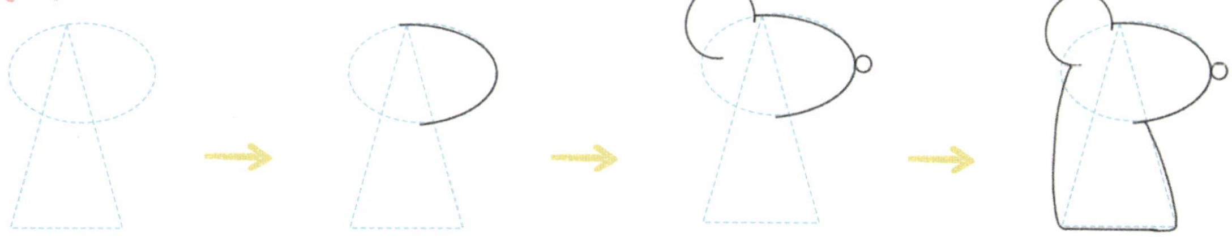

1 동그라미 모양과 세모 모양을 떠올려 보아요.

2 동그란 반원을 그려요.

3 동그란 귀와 코를 그려요.

4 귀 끝에서 세모 모양을 따라 몸통을 그려요.

5 귀 안에 동그라미를 그리고 둥근 배와 팔, 휘어진 꼬리를 그려요.

6 눈과 수염을 그려요.

완성

고슴도치

1 동그라미 모양을 떠올려 보아요.

2 위쪽엔 작은 동그라미가 있는 곡선을 그리고 아래쪽에도 곡선을 그려요.

3 동그란 몸통에 팔과 다리를 그려요.

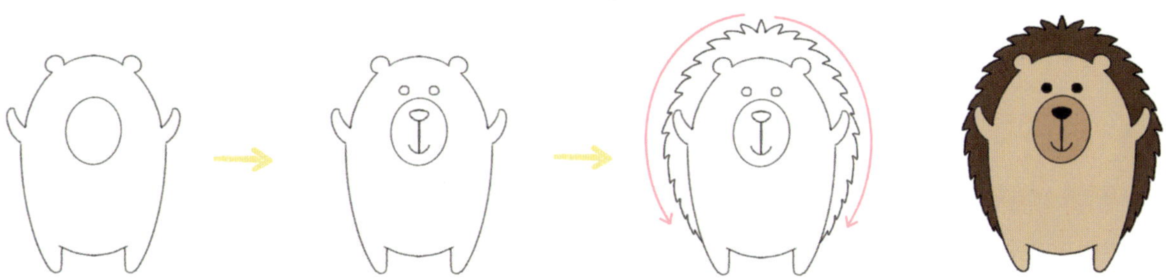

4 얼굴 부분에 작은 동그라미를 그려요.

5 고슴도치 얼굴을 그려요.

6 몸통을 감싸 주며 뾰족한 털을 그려요.

완성

CHAPTER 12-13

닭&병아리

닭

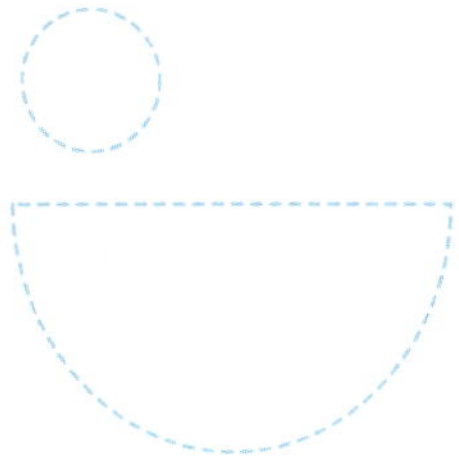

❶ 동그라미 모양과 반원
모양을 떠올려 보아요.

❷ 동그라미를 감싸며 아랫부분을
지그재그 선으로 그린 후,
머리 위에 벼슬과 얼굴을 그려요.

❸ 반원을 따라 몸통을 그려요.

❹ 꼬리 끝에 곡선으로
꼬리 깃을 그려요.

❺ 몸통 가운데 날개를 그리고
몸통 아래에 다리를 그려요.

완성

병아리

❶ 동그라미 모양과
반달 모양을 떠올려 보아요.

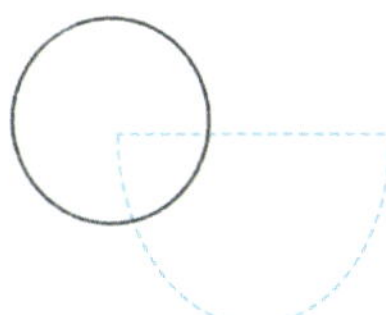

❷ 동그라미를 그려요.

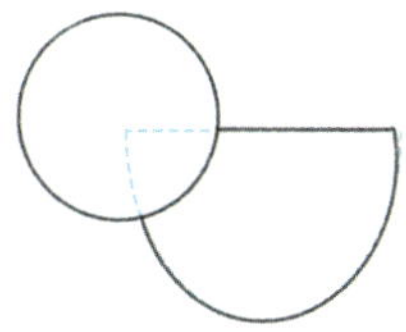

❸ 동그라미 뒤에 붙어있는
반달을 그려요.

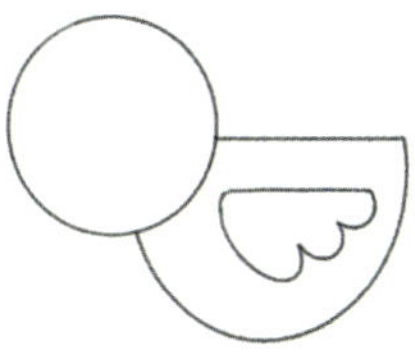

❹ 몸통 안에 날개를 그려요.

❺ 몸통 아래에 다리를 그려요.

❻ 얼굴을 그려요.

완성

CHAPTER 14

다람쥐

다람쥐

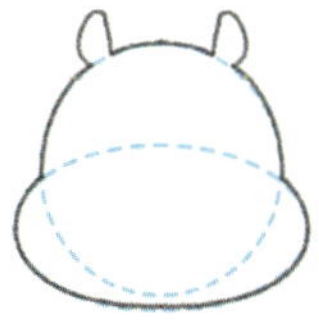

1 동그라미 모양 두 개를 떠올린 다음 얼굴 형태를 그려요.

2 코의 중심에서 눈 부분을 곡선으로 그린 후 얼굴을 그려요.

3 팔과 다리를 등 곡선과 연결하여 그려요.

4 손에 도토리를 그려요.

5 도토리 아래에 둥근 배와 반대편 팔과 다리를 그려요.

6 끝이 둥글게 휘어진 꼬리를 그려요.

완성

CHAPTER 15-16

악어&달팽이

악어

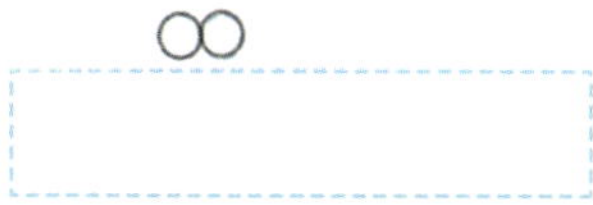

❶ 네모 모양을 떠올린 다음
작은 동그라미 두 개를 붙여서 그려요.

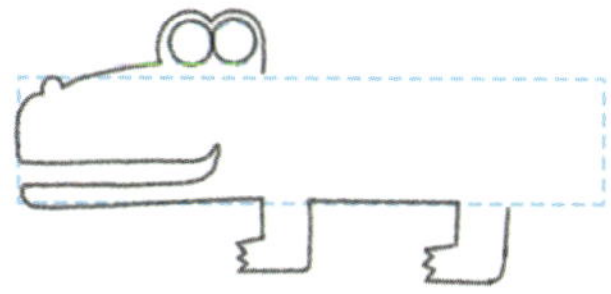

❷ 작은 동그라미를 감싸며
튀어나온 입과 다리를 그려요.

❸ 등에서 둥글게 휘어진 곡선으로
꼬리를 그린 후, 작은 세모를
일정하게 그려요.

❹ 몸통과 꼬리에 작은 세모를
그린 후, 이빨과 얼굴을 그려요.

완성

달팽이

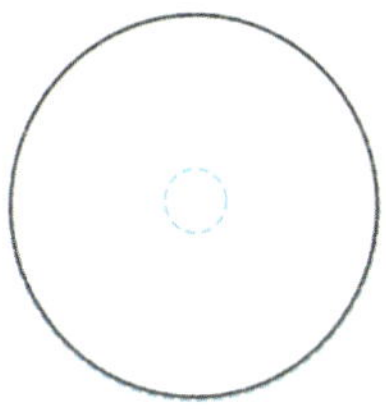

❶ 동그라미 모양 두 개를
떠올린 다음 그려 보아요.

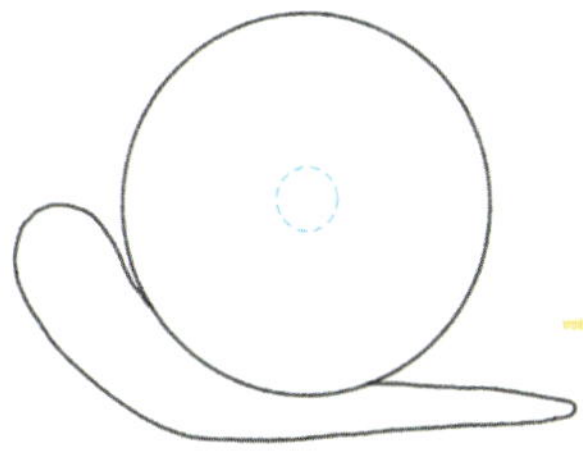

❷ 동그라미 아래에
긴 몸통을 그려요.

❸ 동그라미 중심에서 밖으로 곡선
을 돌리면서 그려요.

❹ 더듬이를 그려요.

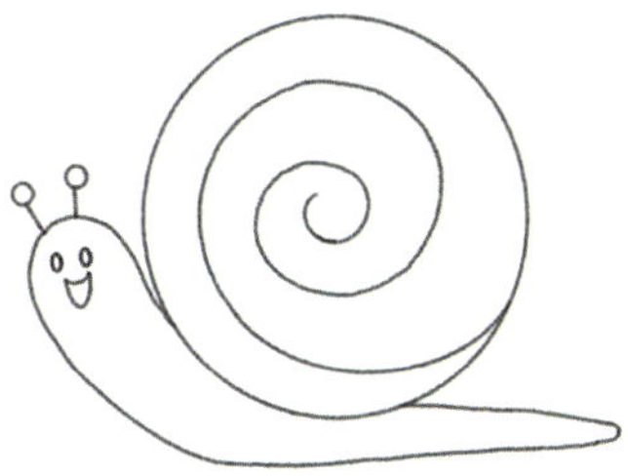

❺ 얼굴을 그려요.

완성

CHAPTER 17

판다

판다

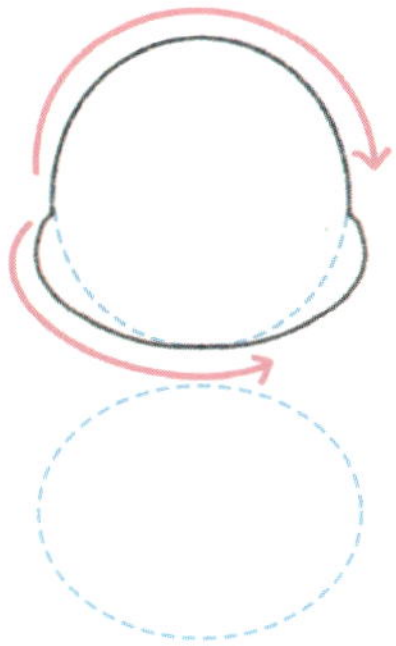

❶ 동그라미 모양 두 개를 떠올린 다음
얼굴 모양을 그려요.

❷ 동그란 귀와 눈 부분을 그려요.

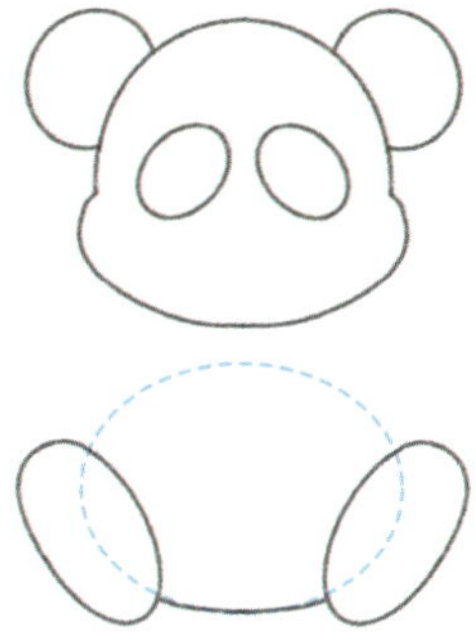

❸ 동그란 발을 그리고
두 발을 곡선으로 연결해 주세요.

❹ 둥근 팔과 배를 그려요.

❺ 동그라미로 발바닥을 그려요.

❻ 얼굴을 그려요.

완성

CHAPTER 18

곰

곰

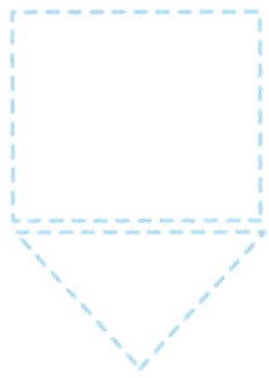

① 네모 모양과 세모 모양을 떠올려 보아요.

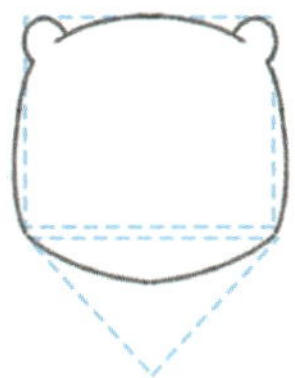

② 작은 반원으로 귀를 그리고 둥근 네모 모양으로 머리를 그려요.

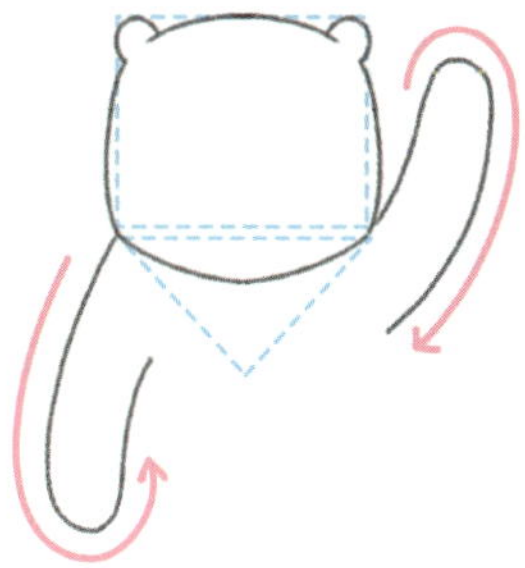

③ 위쪽과 아래쪽을 향한 둥근 팔을 그려요.

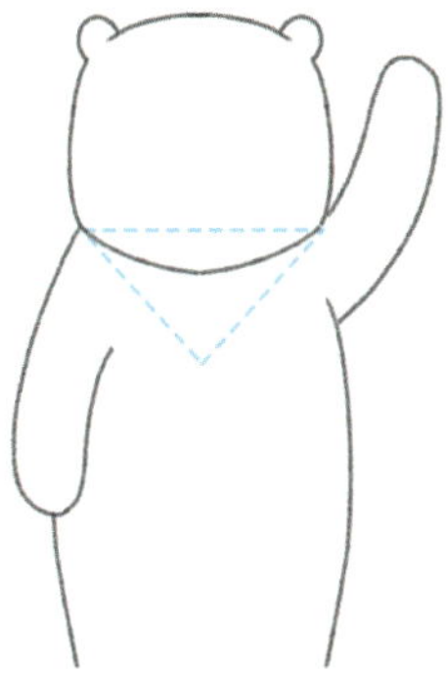

④ 긴 곡선으로 몸통을 그려요.

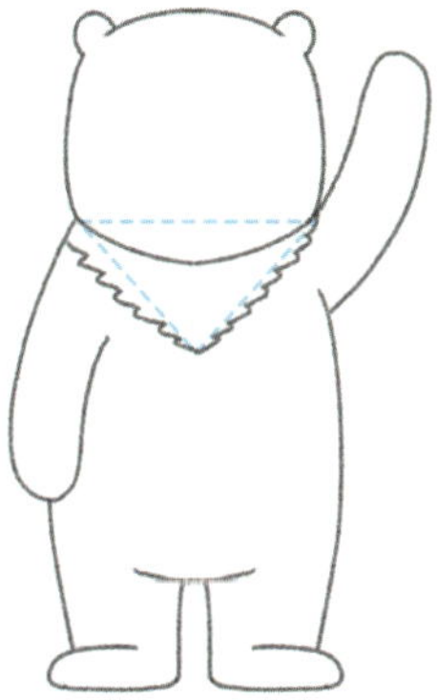

⑤ 곡선 아래에 발을 그리고 가슴 부분의 털을 그려요.

⑥ 앞발의 발바닥과 얼굴을 그려요.

완성

CHAPTER 19

코끼리

코끼리

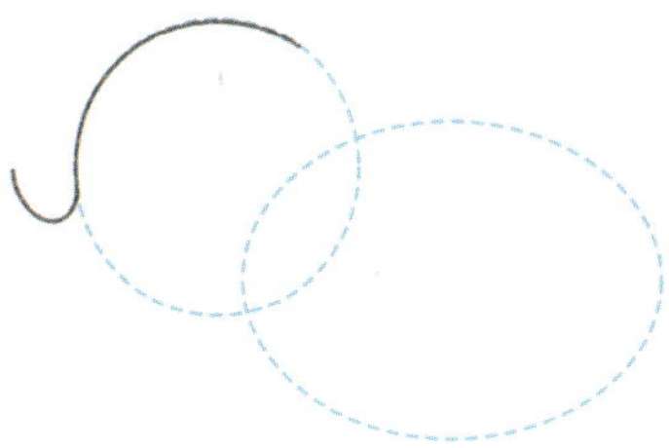

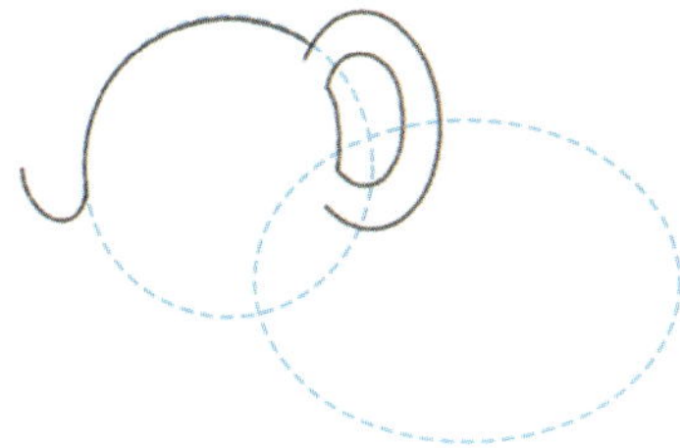

❶ 동그라미 모양 두 개를 떠올린 다음
머리에서 위로 휘어진 코의 곡선을 그려요.

❷ 머리 뒤에 동그란 귀를 그려요.

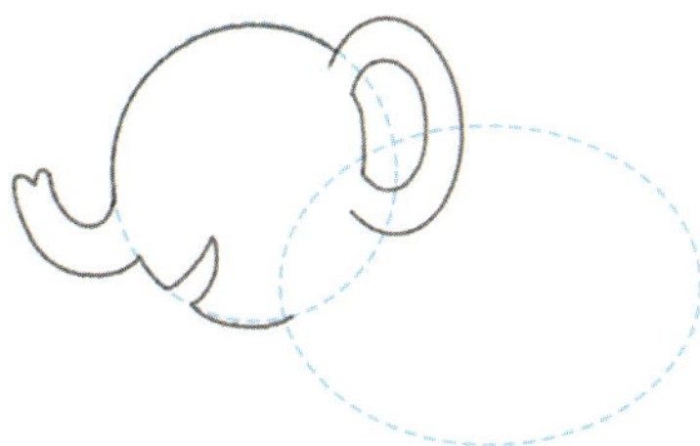

❸ 코와 입을 그려요.

❹ 동그란 몸통과 꼬리, 다리를 그려요.

❺ 코 주름과 둥근 반원으로
발가락을 그려요.

❻ 얼굴을 그리고
코 끝에 뿜어 나온 물을 그려요.

완성

CHAPTER 20

젖소

젖소

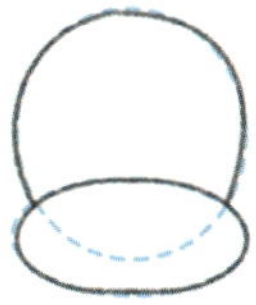

❶ 동그라미 모양 두 개를 떠올린 다음 그려 보아요.

❷ 머리 위에 뿔과 귀를 그리고 동그라미로 눈과 코를 그려요.

❸ 네모 모양의 몸통에 뒷다리를 그려요.

❹ 앞다리와 뒷다리를 연결하여 그리고 뒷다리를 하나 더 그려요.

❺ 발을 곡선으로 나누어 주고 꼬리를 그려요.

❻ 머리와 몸통에 무늬를 그리고 주변에 풀을 그려요.

완성

CHAPTER 21

코알라

코알라

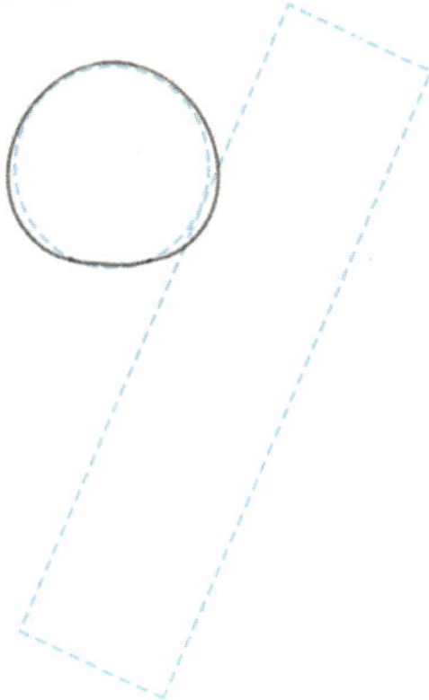

1 동그라미 모양과 네모 모양을 떠올린 다음 얼굴 모양을 그려요.

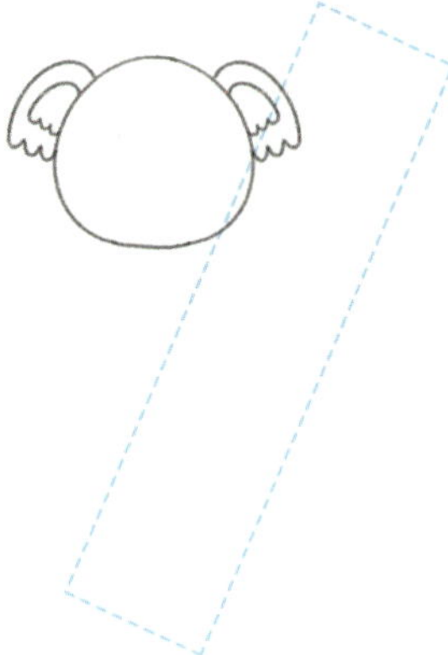

2 머리 양쪽에 귀를 그려요.

3 얼굴을 그려요.

4 등의 곡선과 발을 연결하여 그려요.

5 나무 기둥과 가지를 그려요.

6 나뭇결과 풀잎을 그려요.

완성

CHAPTER 22-23

돼지&양

돼지

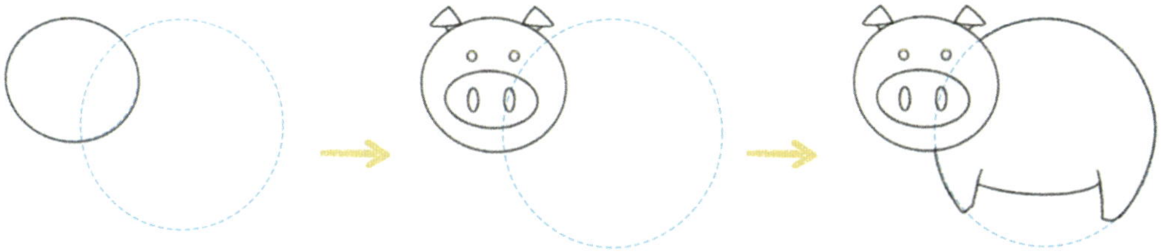

1 동그라미 모양 두 개를 떠올린 다음 얼굴 모양을 그려요.

2 동그라미로 코와 눈을 그리고 세모 모양의 귀를 그려요.

3 동그란 몸통과 다리를 그려요.

4 뒤쪽 다리를 그려요.

5 발굽을 그리고 빙글빙글 돌아간 곡선으로 꼬리를 그려요.

완성

양

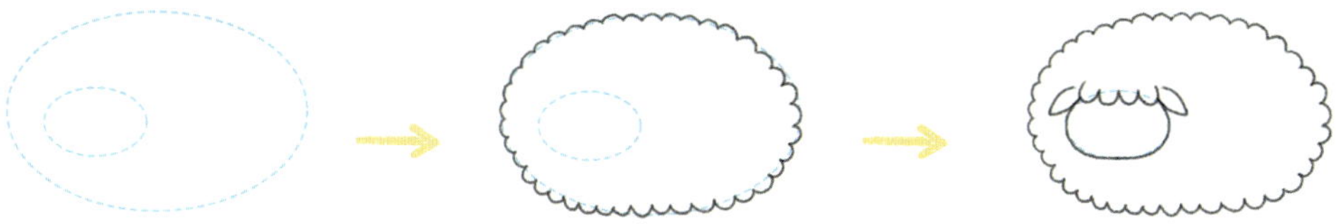

1 동그라미 모양 두 개를 떠올려 보아요.

2 볼록볼록한 곡선으로 동그라미를 그려요.

3 동그란 얼굴 모양을 그리고 양쪽 옆에 귀를 그려요.

4 다리를 그려요.

5 볼록볼록한 곡선으로 꼬리를 그리고 털 무늬를 그려요.

6 얼굴을 그려요.

완성

CHAPTER 24

기린

기린

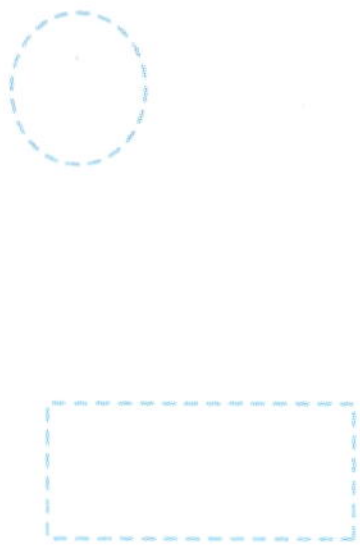

❶ 동그라미 모양과 네모 모양을 떠올려 보아요.

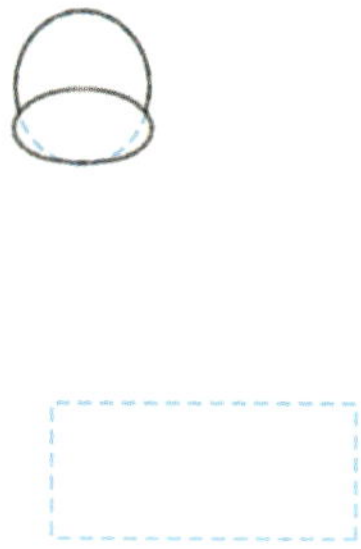

❷ 동그라미 두 개를 겹쳐 머리 모양을 그려요.

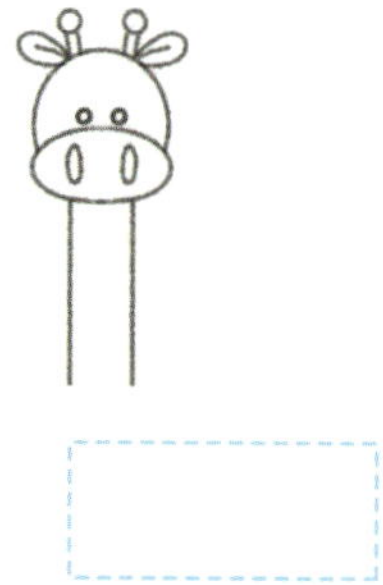

❸ 머리 위에 뿔과 귀를 그리고 얼굴과 긴 목을 그려요.

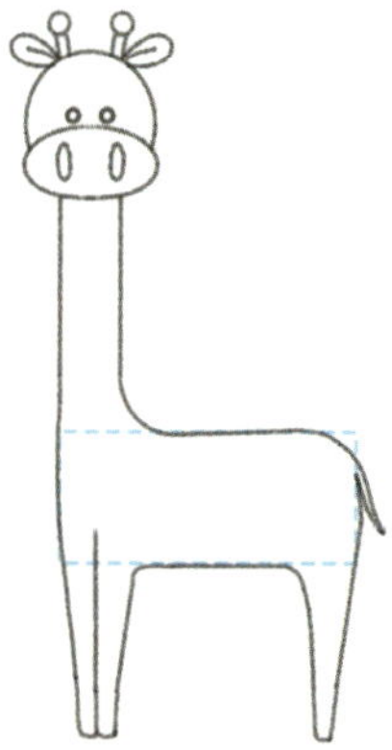

❹ 네모 모양의 몸통에 꼬리와 다리를 그려요.

❺ 발굽을 나누고 목과 꼬리에 털을 그려요.

❻ 목과 몸통에 네모 모양의 무늬를 그려요.

완성

CHAPTER 25-26 무당벌레&애벌레

무당벌레

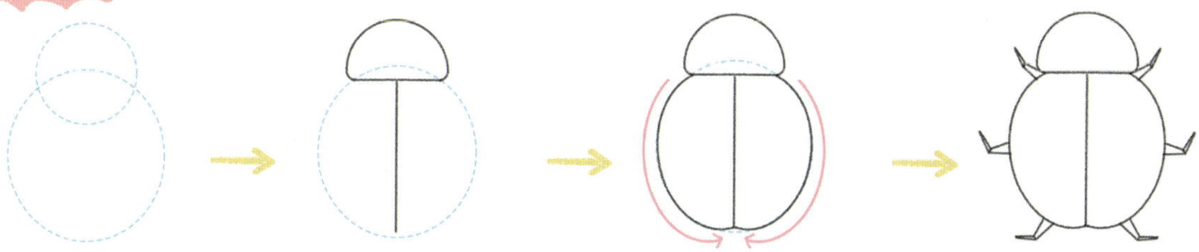

1 동그라미 모양 두 개를 떠올려 보아요.

2 반원을 그리고 몸통의 중심선을 그려요.

3 중심선 양쪽에 반원을 하나씩 그려요.

4 다리 마디를 그리고 끝에 뾰족한 세모를 그려요.

5 몸통에 동그라미 무늬를 그려요.

6 동그라미로 눈을 그려요.

완성

애벌레

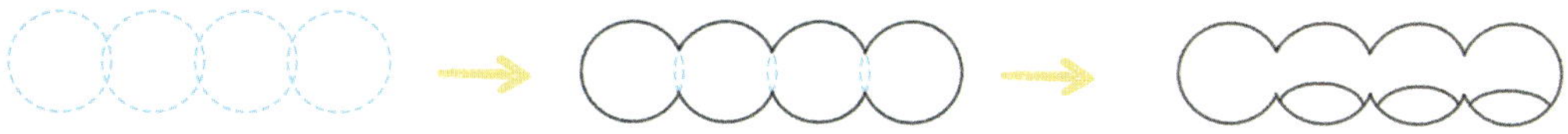

1 동그라미 모양 네 개를 떠올려 보아요.

2 동그라미 네 개를 잇는 바깥선을 곡선으로 그려요.

3 뒤쪽 동그라미 세 개의 아래쪽에 곡선을 그려요.

4 앞쪽 동그라미에 더듬이를 그리고 몸통에 주름을 그려요.

5 얼굴을 그리고 애벌레가 기어가는 모습을 곡선으로 그려요.

완성

CHAPTER 27-28

부엉이&새

부엉이

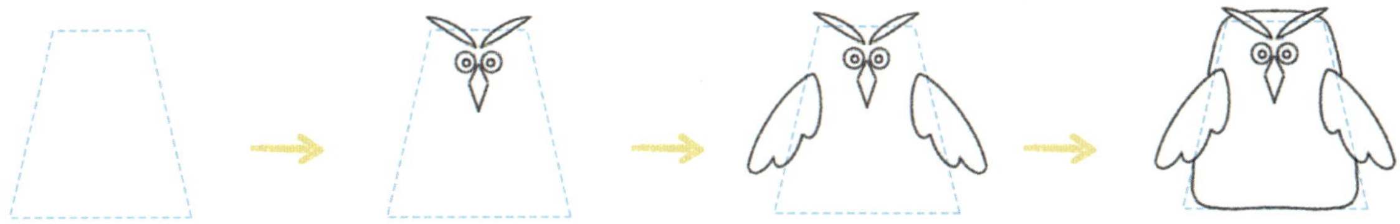

❶ 네모 모양을 떠올려 보아요.

❷ 다이아몬드 모양의 코를 그리고 눈과 눈썹을 그려요.

❸ 양쪽 옆에 날개를 그려요.

❹ 네모 모양을 따라 둥근 곡선을 그려요.

❺ 몸통 아래에 다리를 그려요.

❻ 곡선으로 배 부분의 털 모양을 그려요.

완성

새

❶ 동그라미 모양 두 개를 떠올려 보아요.

❷ 동그란 새 머리를 그리고 날개를 그려요.

❸ 반원 모양의 몸통을 그려요.

❹ 눈과 부리를 그리고 꼬리를 길게 그려요.

❺ 날개를 한 겹 더 그리고 곡선으로 배를 그려요.

❻ 머리 위의 깃털과 다리를 그려요.

완성

CHAPTER 29

펭귄

펭귄

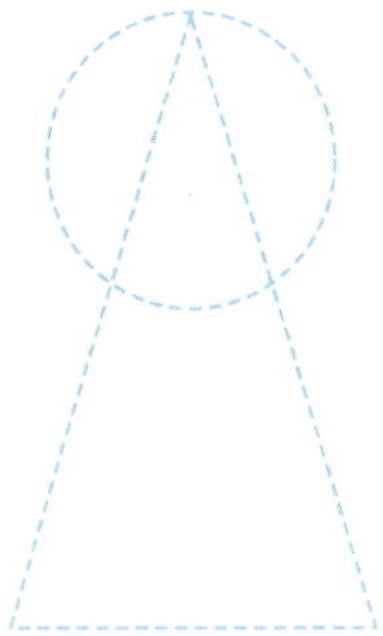

❶ 동그라미 모양과 세모 모양을
떠올려 보아요.

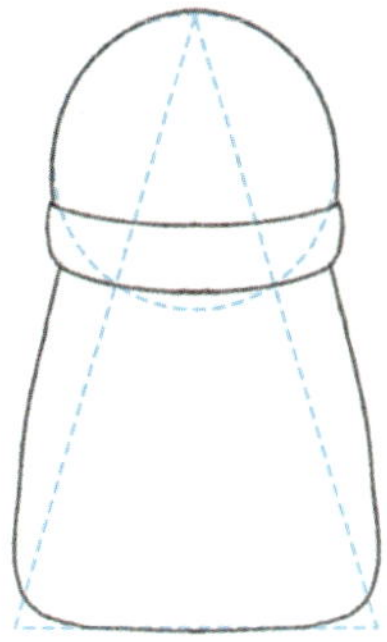

❷ 둥근 머리 아래에 목도리를
그리고 세모 모양을 따라
둥근 몸통을 그려요.

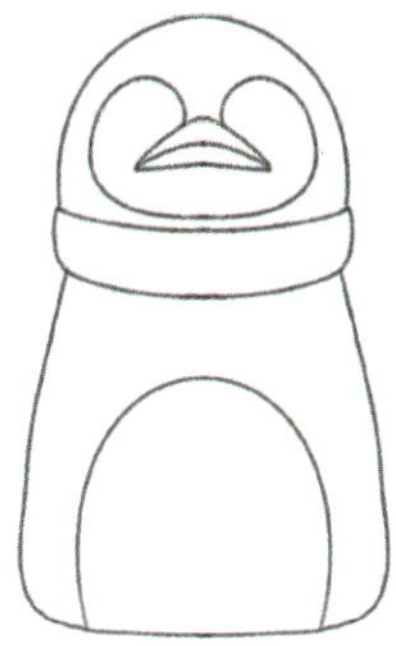

❸ 세모 모양의 부리를 감싸며
얼굴 모양을 그리고 둥근 배를 그려요.

❹ 머리 위 털과 눈을 그리고
몸통 양쪽에 날개를 그려요.

❺ 옆으로 나온 목도리를
그리고 줄무늬를 그려요.

❻ 몸통 아래에 발을 그려요.

완성

CHAPTER 30

돌고래

돌고래

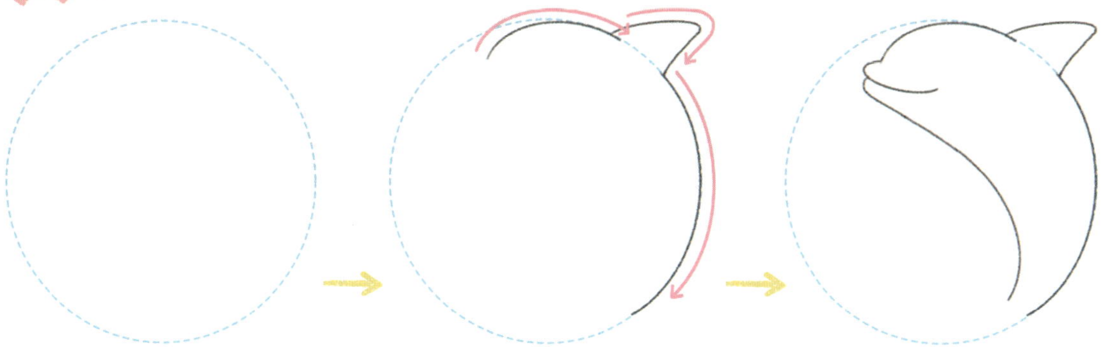

❶ 동그라미 모양을
떠올려 보아요.

❷ 둥근 곡선을 그리고
세모 모양의 등지느러미를 그려요.

❸ 입을 그리고
턱에서 꼬리까지 곡선을 그려요.

❹ 양쪽으로 둥글게 갈라진
꼬리를 그리고 가슴지느러미를 그려요.

❺ 눈을 그리고 느낌표 모양의
광택을 그려요.

❻ 꼬리 주변에 튕기는
물을 그려요.

완성

CHAPTER 31

고래

고래

❶ 동그라미 모양을
떠올려 보아요.

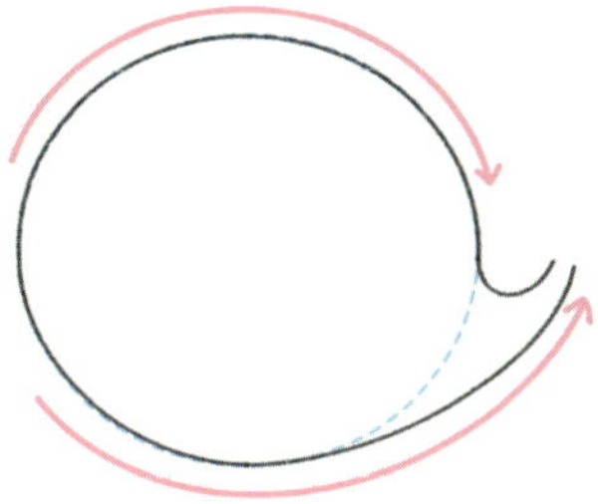

❷ 동그란 몸통과
꼬리를 그려요.

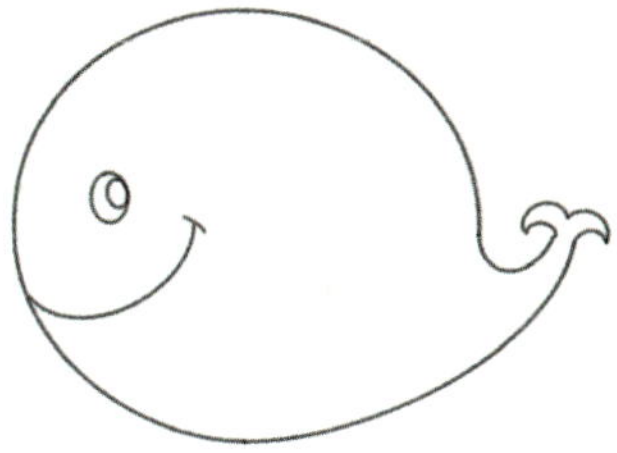

❸ 얼굴을 그리고 양쪽으로
둥글게 나누어진 꼬리지느러미를 그려요.

❹ 가슴지느러미를 그리고
꼬리까지 곡선을 그려요

❺ 배 부분의 무늬를 그려요.

❻ 등 위쪽에 솟은 물줄기와
고래 주변에 물결무늬를 그려요.

완성

CHAPTER 32

상어

상어

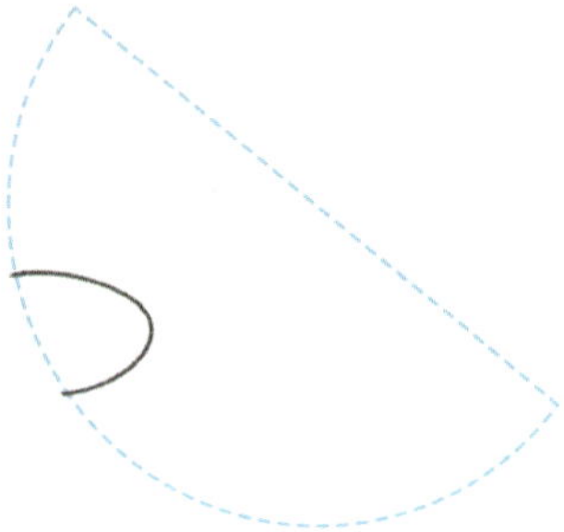

1 반원 모양을 떠올린 다음
둥근 입을 그려요.

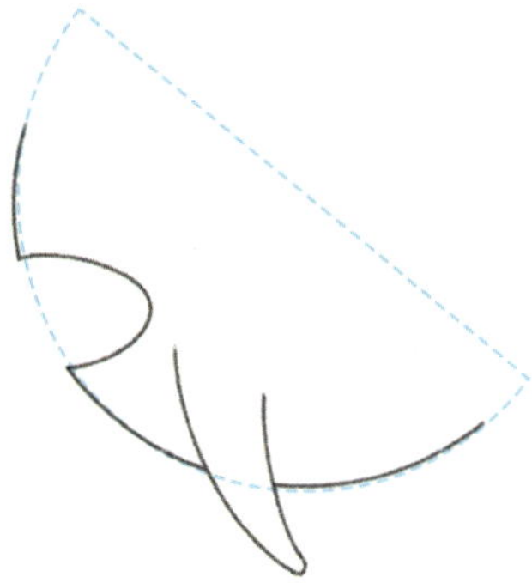

2 가슴지느러미를 그리고
반원 모양을 따라 곡선을 그려요.

3 등지느러미를 그리면서
곡선으로 등을 그려요.

4 꼬리를 그려요.

5 뾰족한 이빨을 그리고
입과 배 부분의 영역을 그려요.

6 얼굴과 아가미 선을 그려요.

완성

CHAPTER 33

톱상어

톱상어

1 네모 모양 세 개를 떠올려 보아요.

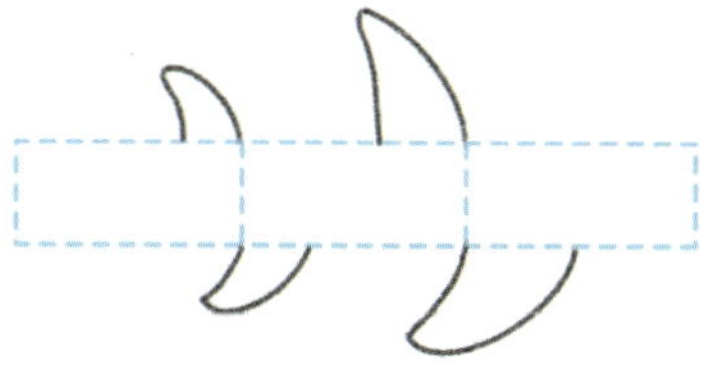

2 위쪽에 지느러미 두 개와 아래쪽에 지느러미 두 개를 그려요.

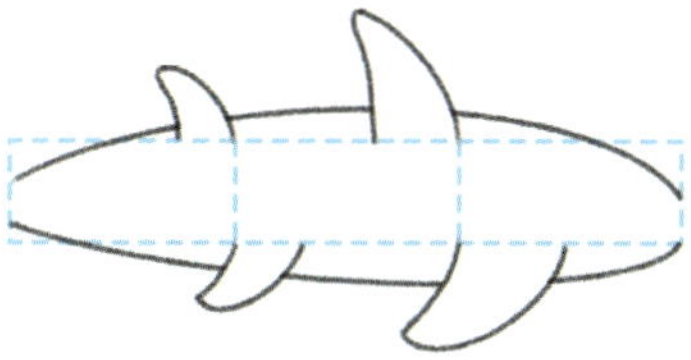

3 위쪽과 아래쪽에 지느러미를 감싸듯 둥근 곡선을 그려요.

4 뒤쪽에 꼬리를 그리고 앞쪽에 튀어나온 입을 그려요.

5 얼굴을 그리고 배 부분의 곡선을 그려요.

6 입 양쪽 옆에 톱처럼 튀어나온 이빨을 그려요.

완성

CHAPTER 34-35

물고기&오징어

물고기

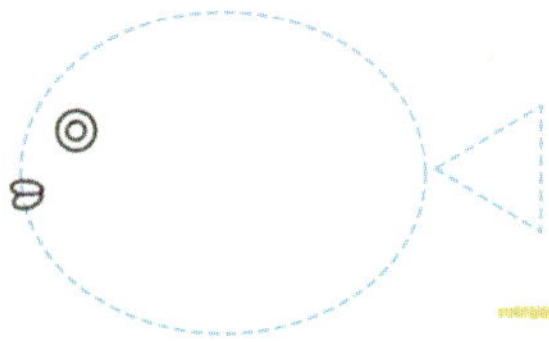

❶ 동그라미 모양과 세모 모양을 떠올린 다음 눈과 입을 그려요.

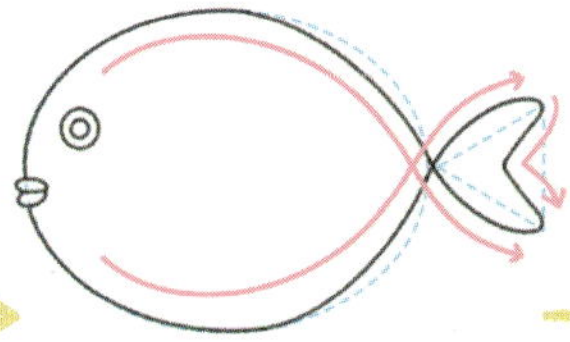

❷ 몸통과 꼬리를 그려요.

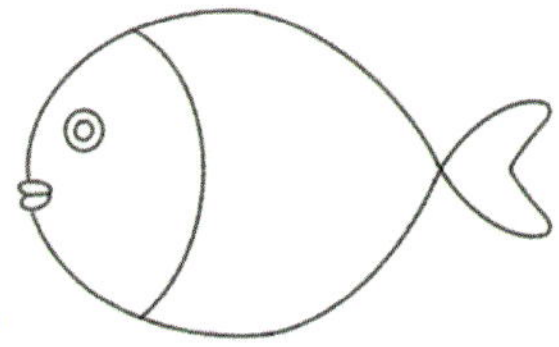

❸ 얼굴과 몸통을 나누는 곡선을 그려요.

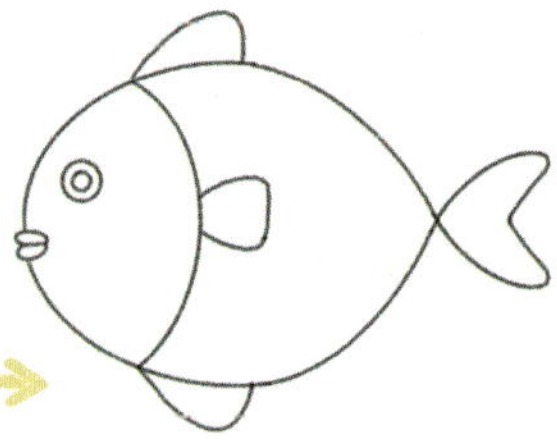

❹ 지느러미를 그려요.

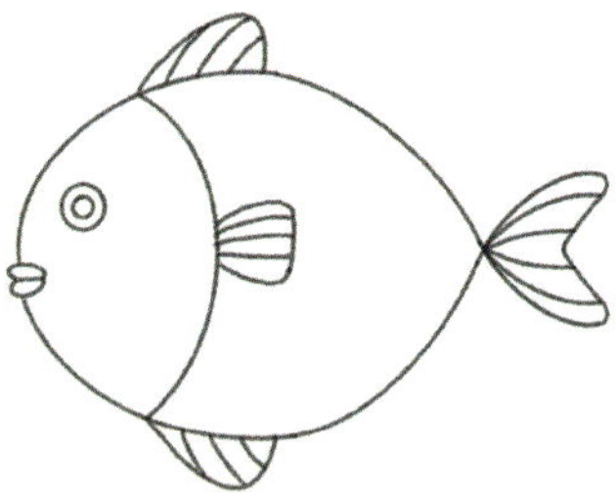

❺ 지느러미와 꼬리에 무늬를 그려요.

❻ 몸통에 곡선으로 비늘을 그려요.

완성

오징어

❶ 세모 모양과 네모 모양을 떠올린 다음 그려 보아요.

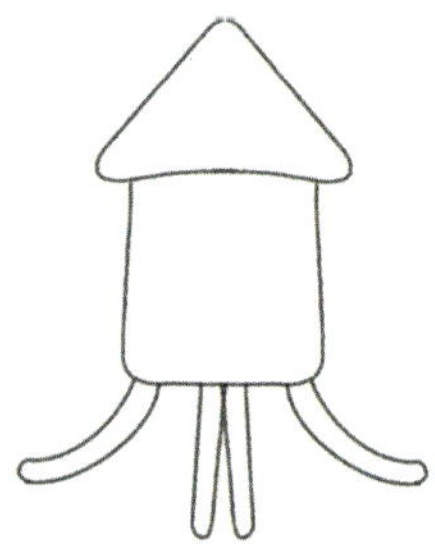

❷ 가운데와 양쪽 옆에 다리를 그려요.

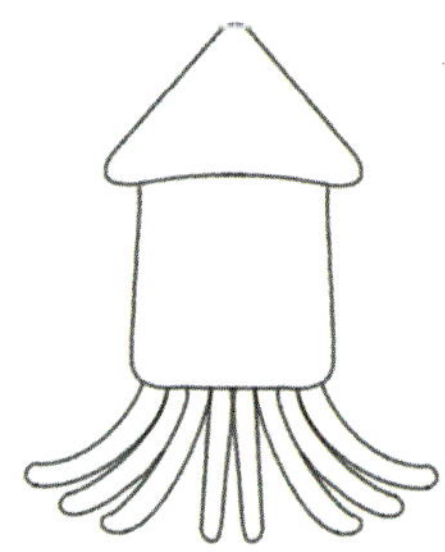

❸ 다리 사이에 두 개씩 다리를 그려요.

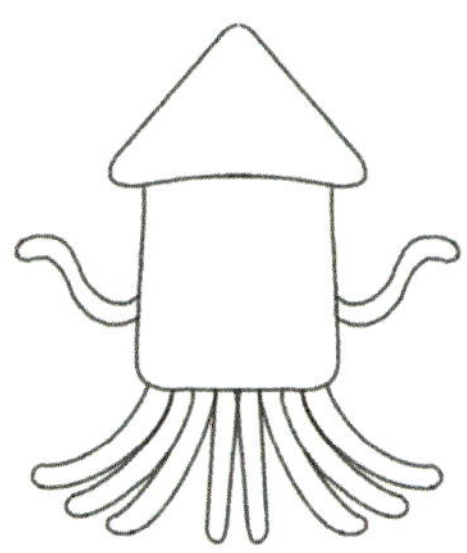

❹ 몸통 옆에 팔처럼 다리를 그려요.

❺ 얼굴을 그려요.

❻ 다리가 움직이는 모양을 곡선으로 그려요.

완성

CHAPTER 36-37

문어&거북이

문어

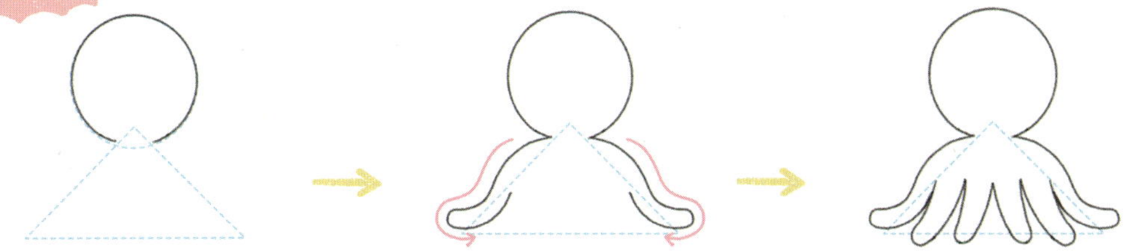

❶ 동그라미 모양과 세모 모양을 떠올린 다음 둥근 머리를 그려요.

❷ 동그라미 아래에 세모 모양으로 퍼진 둥근 다리를 그려요.

❸ 양쪽 다리 사이에 다리 네 개를 그려요.

*문어 다리는 8개지만 흡판과 함께 그리면 너무 복잡하게 보여서 그림에서는 다리를 줄여서 표현하기도 해요.

❹ 다리마다 동그라미를 세 개씩 그려요.

❺ 얼굴을 그려요.

완성

거북이

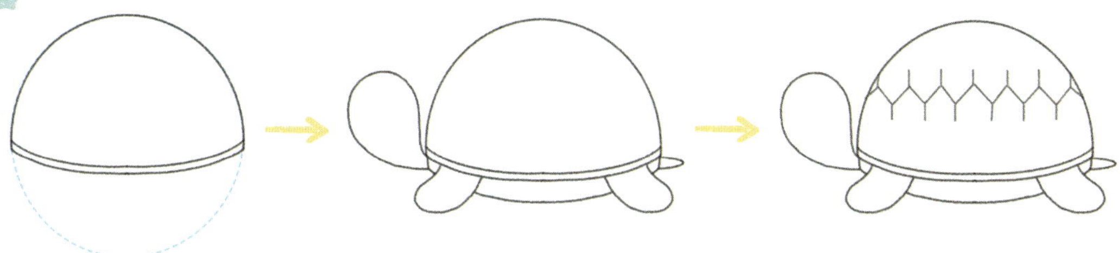

❶ 동그라미 모양을 떠올린 다음 반원을 그려요.

❷ 다리와 배를 그리고 둥근 머리와 짧은 꼬리를 그려요.

❸ 등 가운데 뾰족뾰족한 선을 그리고 뾰족한 꼭짓점마다 짧은 선을 위아래에 그려요.

❹ 짧은 선 사이를 뾰족하게 이어 주며 육각형 모양을 만들어요.

❺ 다시 뾰족한 꼭짓점마다 짧은 선을 위아래에 그려요.

❻ 선 사이를 뾰족하게 이어 주며 육각형 모양의 무늬를 채워 주고 얼굴을 그려요.

완성

CHAPTER 38-39

게&가오리

게

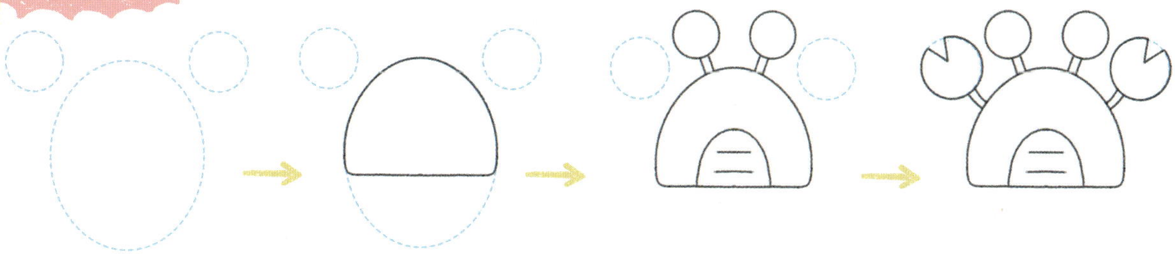

1 동그라미 모양 세 개를 떠올려 보아요.

2 반원을 그려요.

3 작은 반원을 그리고 동그란 눈을 몸통과 연결하여 그려요.

4 동그란 집게를 몸통과 연결하여 그려요.

5 양쪽에 끝이 뾰족한 다리를 그려요.

6 얼굴을 그려요.

완성

가오리

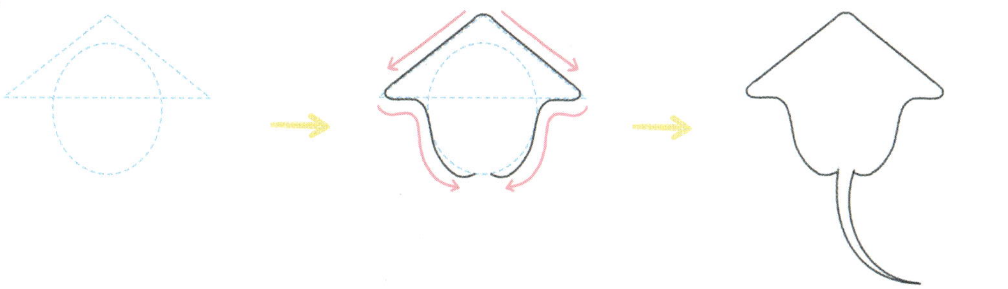

1 세모 모양과 동그라미 모양을 떠올려 보아요.

2 세모와 동그라미를 감싸는 곡선을 그려요.

3 옆으로 휘어진 꼬리를 그려요.

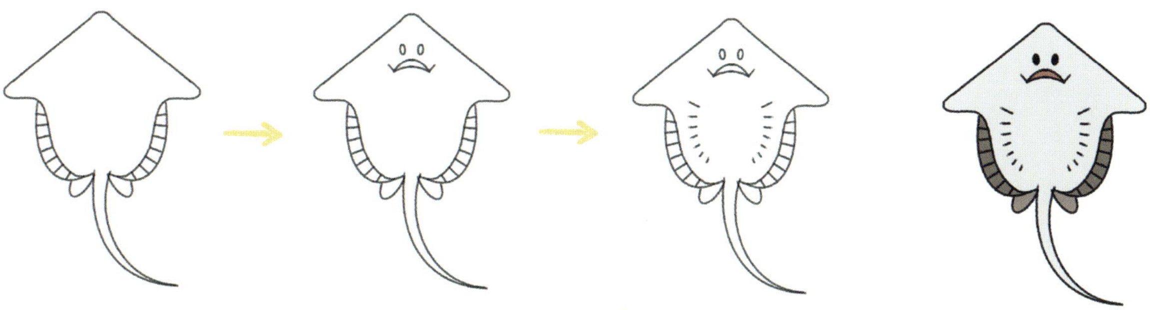

4 몸통 옆에 지느러미를 그리고 아래에 작은 지느러미를 그려요.

5 얼굴을 그려요.

6 아가미 선을 그려요.

완성

CHAPTER 40

해마

해마

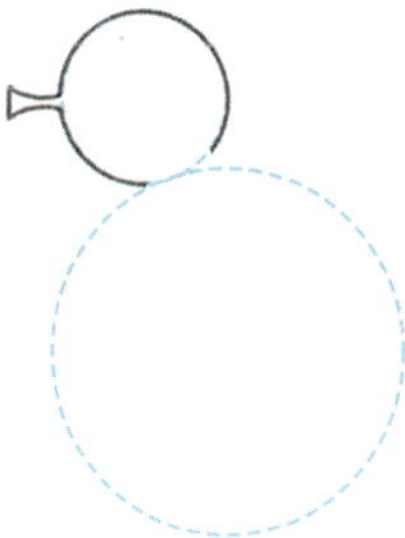

❶ 동그라미 모양 두 개를 떠올린
다음 입이 튀어나온 둥근 머리
모양을 그려요.

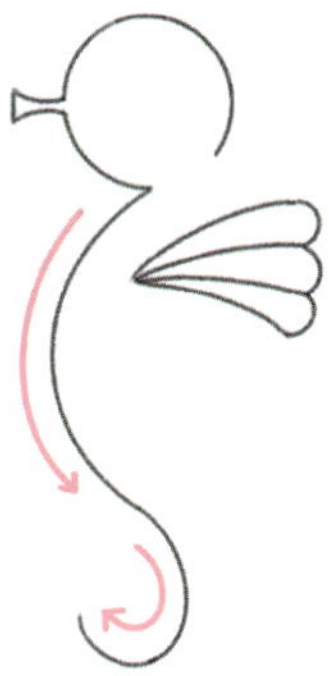

❷ 배에서 꼬리까지
휘어진 곡선을 그리고
지느러미를 그려요.

❸ 등에서 꼬리까지
휘어진 곡선을 그리고
배를 그려요.

❹ 머리부터 등까지 점점
짧아지는 선을 듬성듬성 그려요.

❺ 짧은 선마다
곡선을 이어서 그려요.

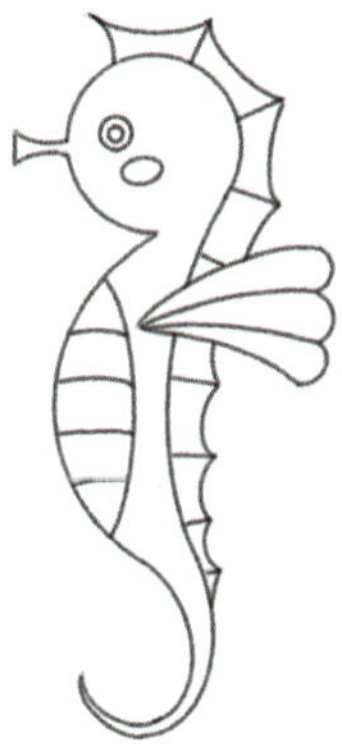

❻ 얼굴을 그려요.

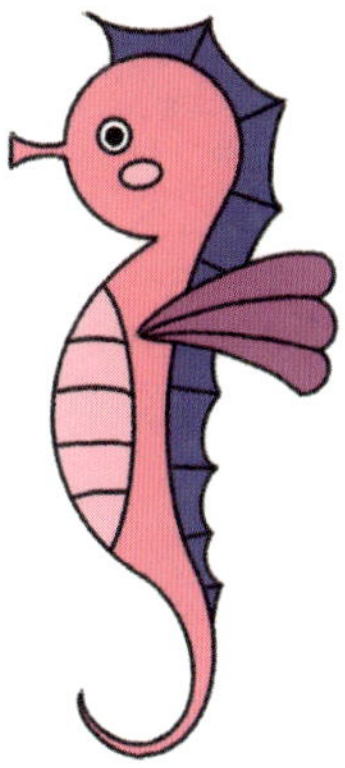

완성

CHAPTER 41

육식공룡

육식공룡

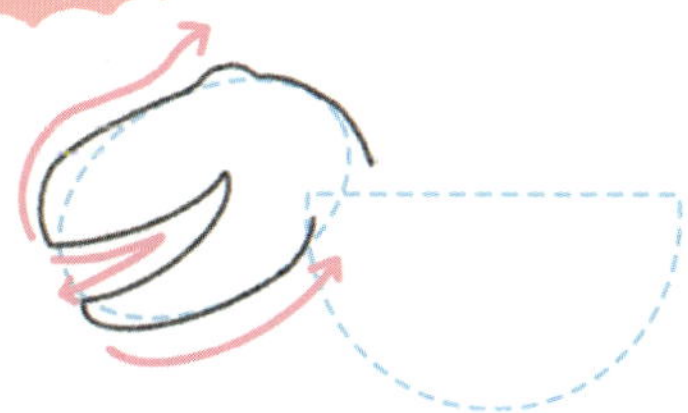

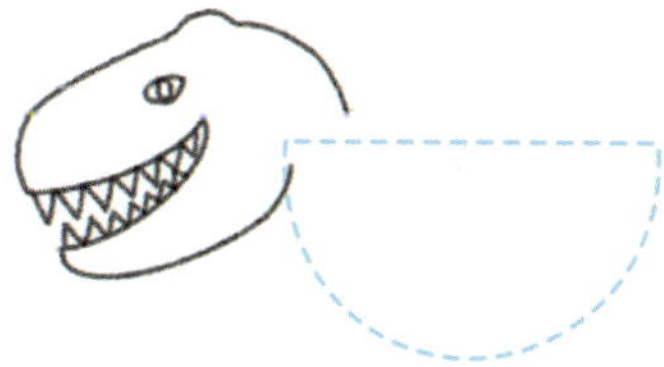

1 동그라미 모양과 반원 모양을 떠올린 다음 입을 벌리고 있는 얼굴을 그려요.

2 세모 모양의 이빨을 촘촘히 그리고 눈을 그려요.

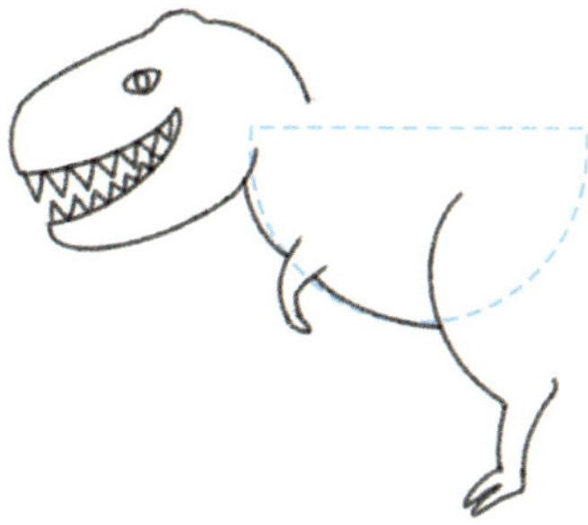

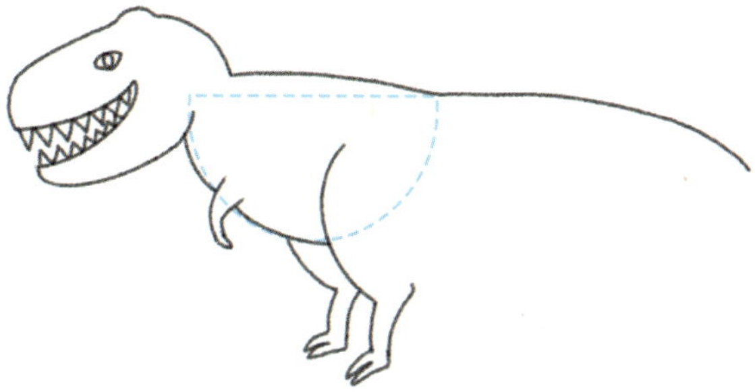

3 짧은 앞발을 그리고 뒷다리를 그려요.

4 반대편 뒷다리를 그리고 등과 꼬리의 곡선을 그려요.

5 뒷다리와 꼬리를 둥근 곡선으로 이어 주세요.

6 앞발과 뒷발의 발톱을 그리고 울퉁불퉁한 피부와 주름을 그려요.

완성

CHAPTER 42

초식공룡

초식공룡

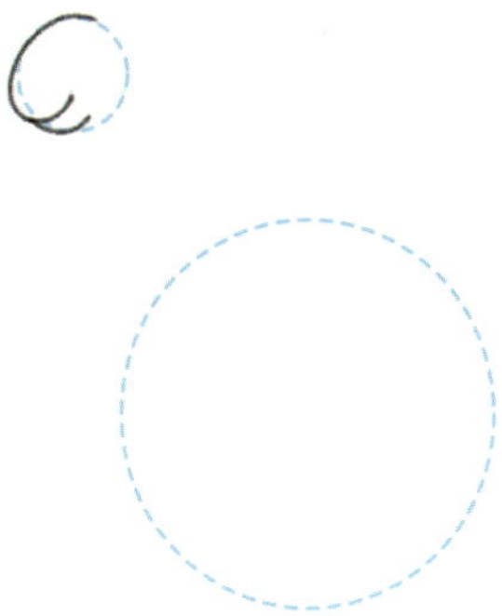

1 동그라미 모양 두 개를 떠올린 다음 동그란 얼굴을 그려요.

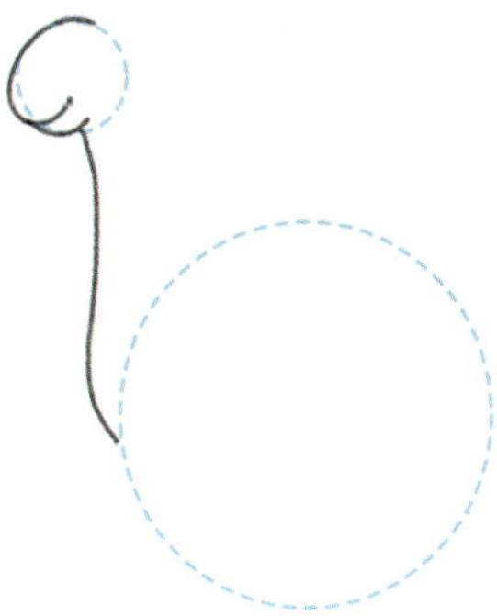

2 목과 배를 연결하는 긴 곡선을 그려요.

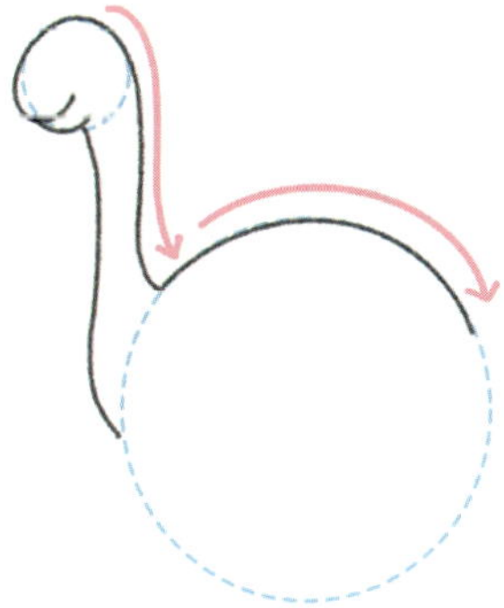

3 목과 둥근 등을 연결하는 곡선을 그려요.

4 짧은 다리를 그려요.

5 끝이 뾰족한 꼬리를 그려요.

6 등에 동그란 무늬를 그리고 눈과 입의 입사귀, 발톱을 그려요.

완성

CHAPTER 43

익룡

익룡

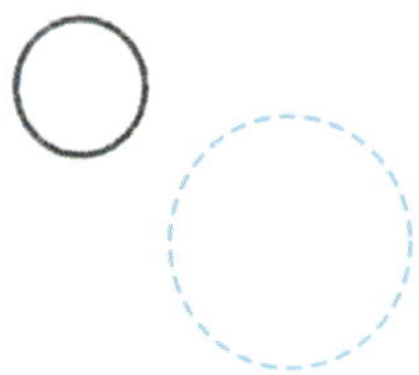

❶ 동그마리 모양 두 개를 떠올린 다음 둥근 머리 모양을 그려 보아요.

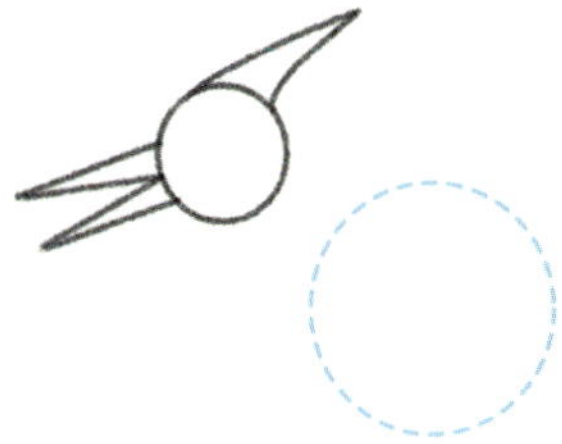

❷ 뾰족한 뿔과 부리를 그려요.

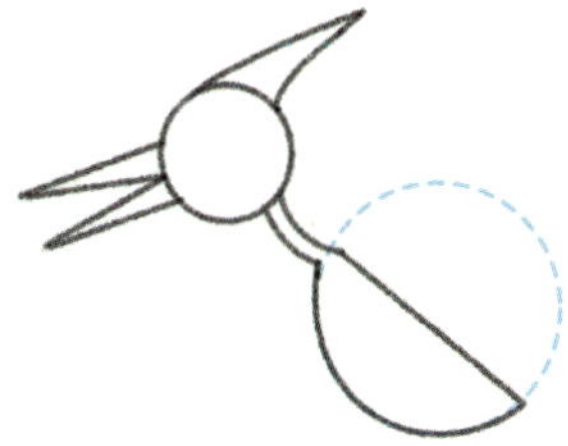

❸ 목과 연결된 반원 모양의 몸통을 그려요.

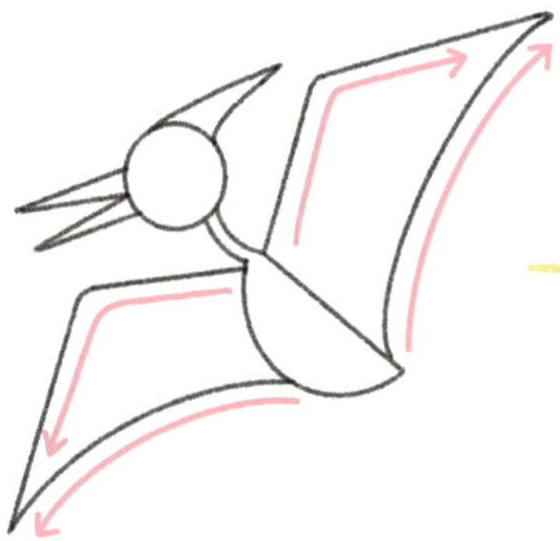

❹ 몸통 양쪽 옆으로 펼쳐진 날개를 그려요.

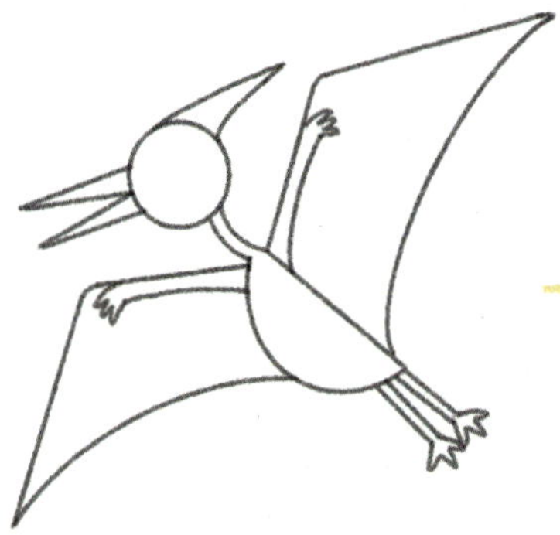

❺ 팔과 다리를 그려요.

❻ 눈과 날개 주름을 그려요.

완성

CHAPTER 44

얼룩말

얼룩말

❶ 동그라미 모양과 네모 모양을 떠올린 다음 뭉긋한 귀와 머리 모양을 그려요.

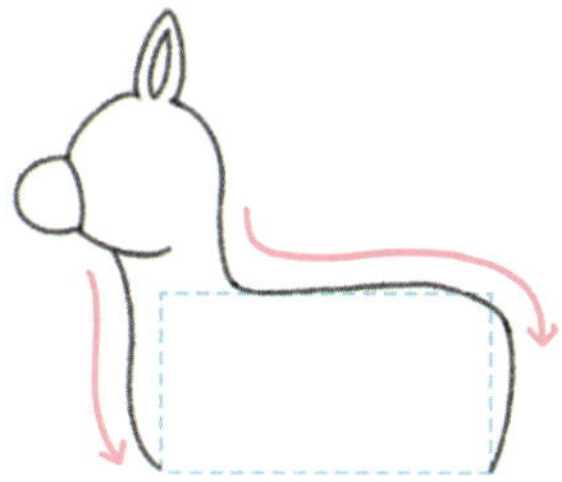

❷ 네모 모양을 따라 몸통을 그려요.

❸ 다리와 꼬리를 그려요.

❹ 몸통의 앞쪽과 뒤쪽에 무늬를 그려요.

❺ 나머지 몸통 부분과 다리에 무늬를 그려요.

❻ 머리부터 목까지 갈기를 그리고 얼굴을 그려요.

완성

CHAPTER 45

호랑이

호랑이

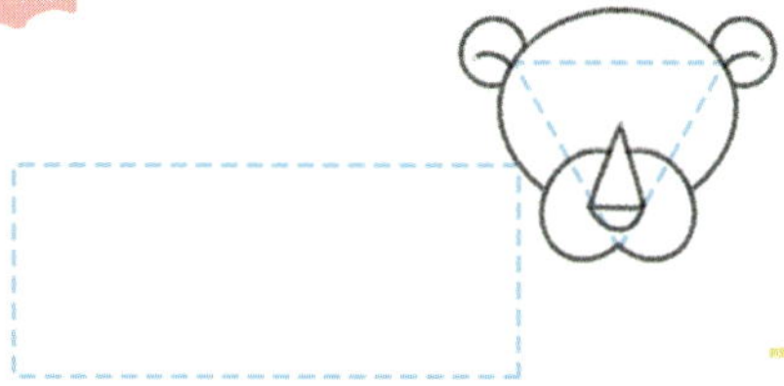

1 네모 모양과 세모 모양을 떠올린 다음
동그란 귀와 얼굴 모양을 그려요.

2 얼굴의 털과 무늬를 그리고
눈과 수염을 그려요.

3 네모 모양을 따라 몸통을 그리고
다리를 그려요.

4 휘어진 꼬리를 그리고
곡선으로 배를 그려요.

5 뒤쪽에 보이는 다리를 그려요.

6 등에 큰 무늬를 그리고
다리와 꼬리에 작은 무늬를 그려요.

완성

CHAPTER 46

여우

여우

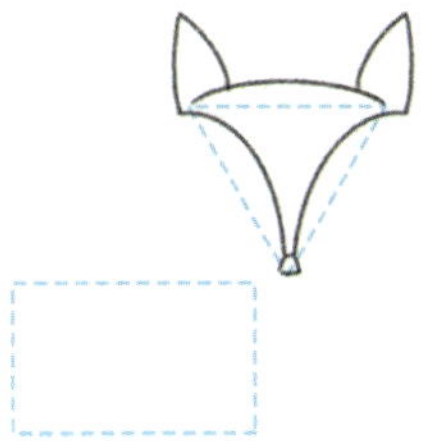

❶ 세모 모양과 네모 모양을 떠올린 다음 뾰족한 귀와 코까지 연결된 곡선을 그려요.

❷ 귀 안쪽 선과 얼굴 털을 그리고 눈을 그려요.

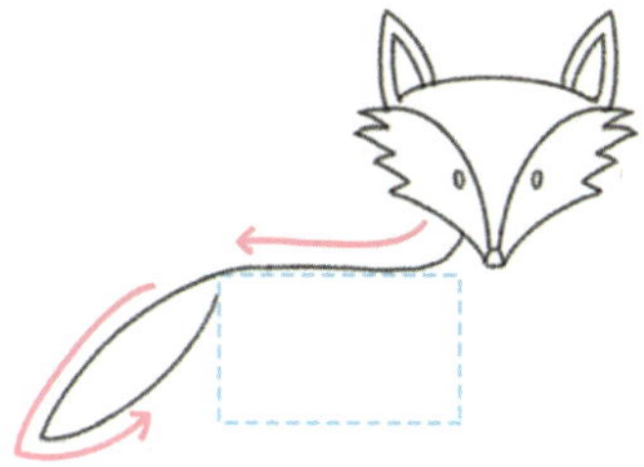

❸ 등과 둥근 꼬리를 그려요.

❹ 다리를 그려요.

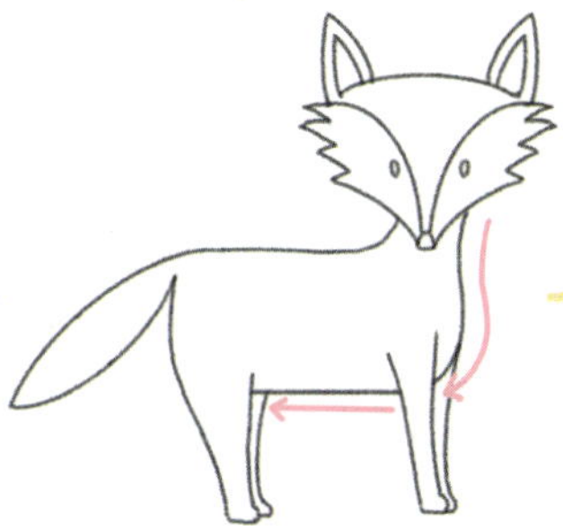

❺ 목과 배를 연결하고 반대편 다리를 그려요.

❻ 꼬리와 배, 발을 나누는 선을 그리고 수염을 그려요.

완성

CHAPTER 47

타조

타조

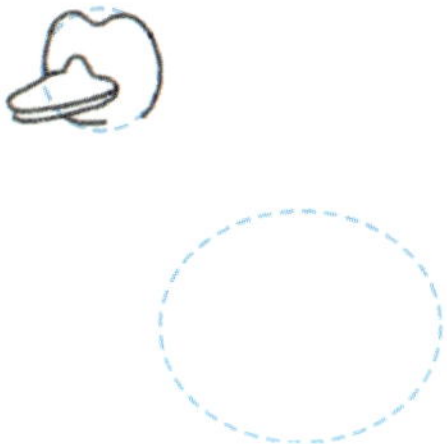

❶ 동그마리 모양 두 개를 떠올린 다음 납작한 부리와 동그란 머리 모양을 그려요.

❷ 길게 휘어진 목을 그리고 아래에 털을 그려요.

❸ 날개를 그리고 날개 뒤에 깃털을 그려요.

❹ 둥근 몸통을 그리고 꼬리에 깃털을 그려요.

❺ 긴 다리를 그려요.

❻ 머리 위에 짧은 털을 그리고 얼굴을 그려요.

완성

CHAPTER 48

원숭이

원숭이

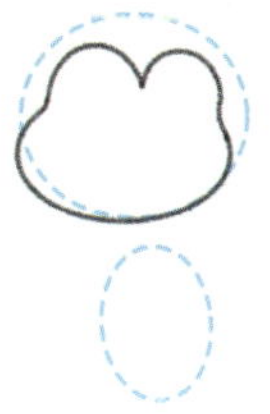

❶ 동그라미 모양 두 개를
떠올린 다음 얼굴 모양을 그려요.

❷ 둥근 머리와
동그란 귀를 그려요.

❸ 위쪽과 아래쪽을 향한
팔을 그리고 동그란 배를 그려요.

❹ 양쪽으로 벌린 다리를 그리고
둥글게 꼬인 곡선으로 줄기를 그려요.

❺ 손과 발을 그리고
둥글게 말린 꼬리를 그려요.

❻ 얼굴을 그리고 팔다리를
흔드는 곡선을 그려요.

완성

CHAPTER 49

사슴

사슴

① 동그라미 모양과 네모 모양을 떠올린 다음 쫑긋한 귀와 둥근 머리 모양을 그려요.

② 목과 등, 꼬리를 연결하는 선을 그려요.

③ 긴 다리를 그려요.

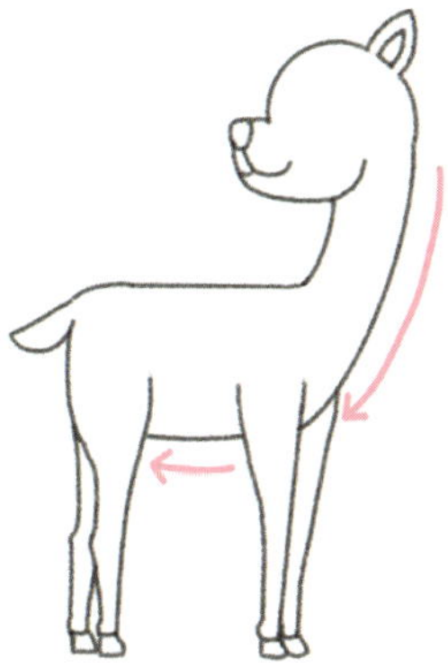

④ 목과 배를 연결하는 곡선을 그리고 반대편 다리와 사슴 발굽을 그려요.

⑤ 목에서 배까지 곡선을 그리고 얼굴의 무늬를 그려요.

⑥ 등에 동그란 무늬를 그리고 눈과 머리 위의 뿔을 그려요.

완성

01 자동차
02 과일 트럭
03 덤프트럭
04 포클레인
05 지게차
06 레미콘
07 환경미화차
08 경찰차
09 구급차
10 소방차
11 버스
12 자전거
13 오토바이
14 로켓
15 비행기
16 헬리콥터
17 배

PART. 5

탈것

CHAPTER 01

자동차

자동차

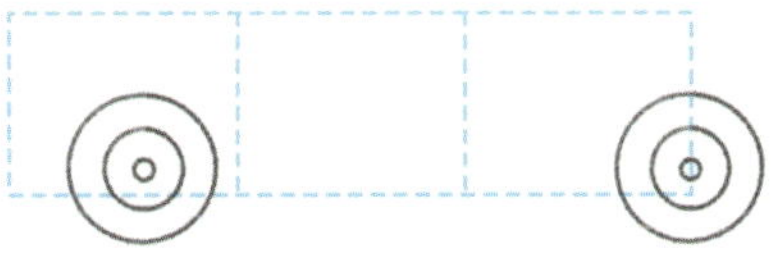

❶ 네모 모양 세 개를 떠올린
다음 동그란 바퀴를 그려요.

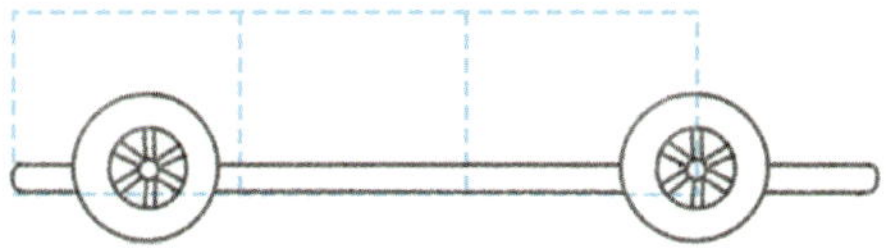

❷ 바퀴 휠을 그리고
받침대를 길게 그려요.

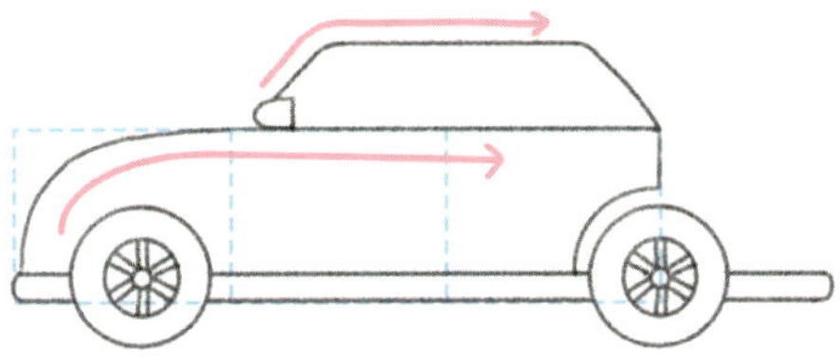

❸ 차의 앞부분을 그리고
사이드 미러와 네모난 창문을 그려요.

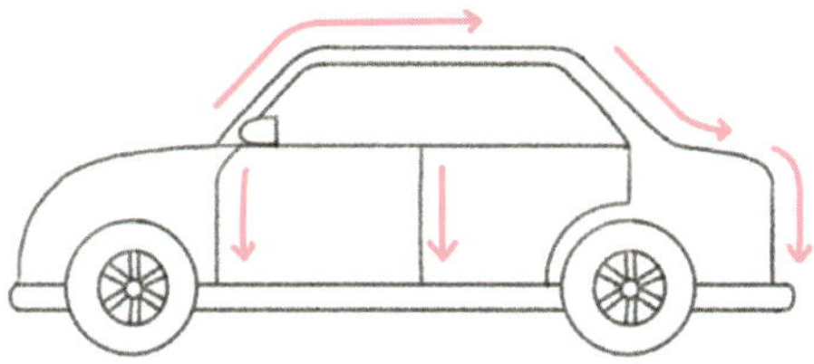

❹ 차의 뒷부분을 그리고
앞부분과 문을 나누는 선을 그려요.

❺ 차의 앞뒤에 등을 그리고
창틀과 손잡이, 주유구를 그려요.

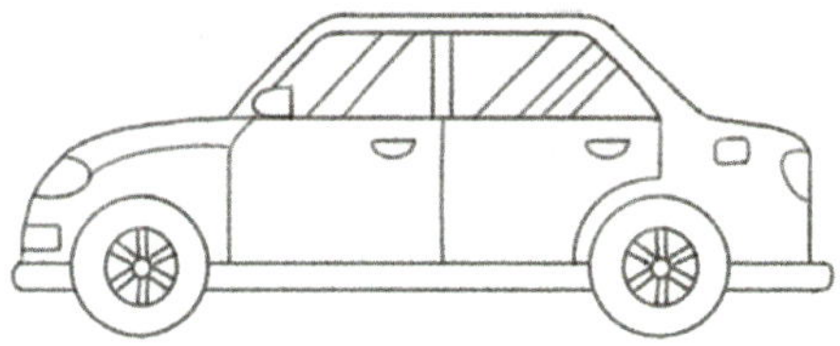

❻ 창문의 광택을 그려요.

완성

CHAPTER 02

과일 트럭

과일트럭

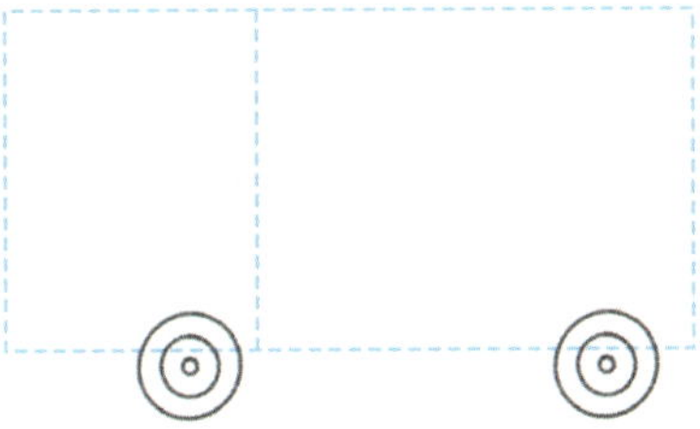

1 네모 모양 두 개를 떠올린 다음
동그란 바퀴를 그려요.

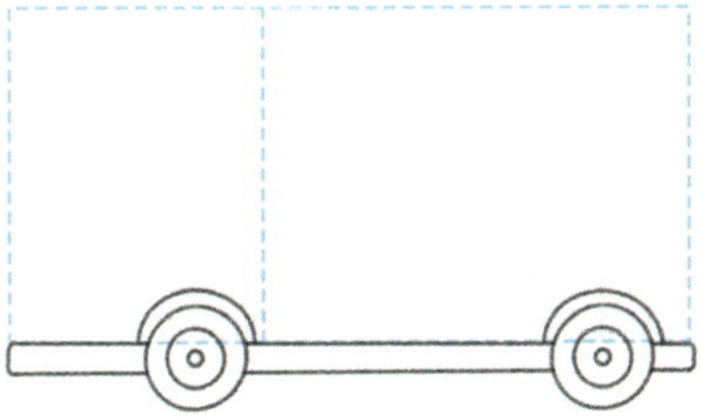

2 받침대를 길게 그리고
바퀴 위에 반원을 그려요.

3 차의 앞부분을 그리고
긴 네모를 그려요.

4 차의 뒷부분에 천막과
기둥을 그려요.

5 과일을 그려요.

6 차의 앞뒤에 등과 손잡이,
사이드 미러, 창문을 그려요.

완성

CHAPTER 03

덤프트럭

덤프트럭

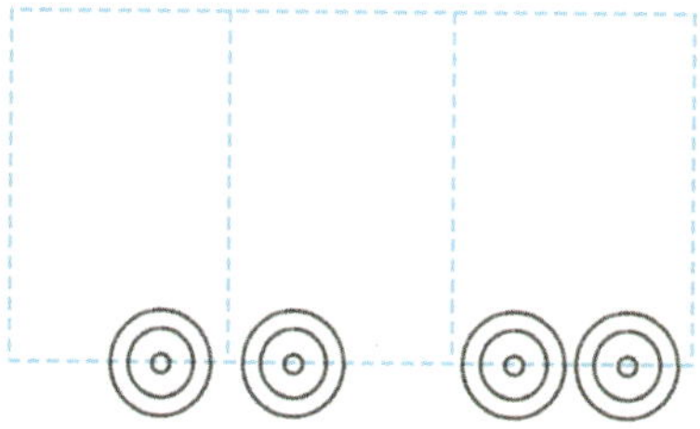

❶ 네모 모양 세 개를 떠올린 다음
동그란 바퀴를 그려요.

❷ 바퀴 휠을 그리고
차의 앞부분과 긴 네모를 그려요.

❸ 네모 위에 덤프 박스를 그려요.

❹ 앞바퀴 위에 반원을 그리고
덤프 박스의 무늬와 창문을 그려요.

❺ 손잡이와 등을 그리고
창문의 광택을 그려요.

❻ 흙을 그리고
동그란 작은 점을 그려요.

완성

CHAPTER 04

포클레인

포클레인

① 동그라미 모양 네 개를
떠올린 다음 동그란 바퀴를 그려요.

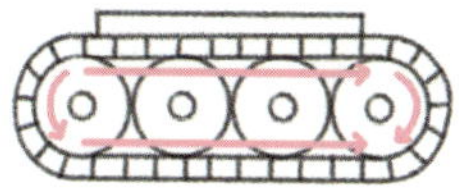

② 동그라미를 감싸는 체인을 그리고
위에 네모 받침을 그려요.

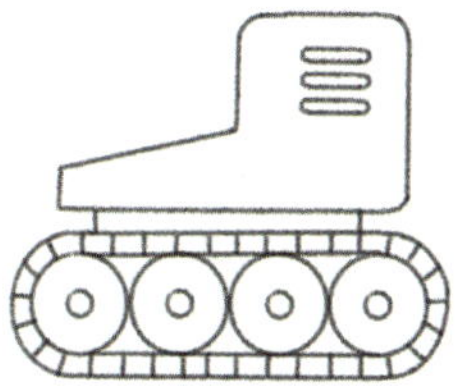

③ 본체를 그려요.

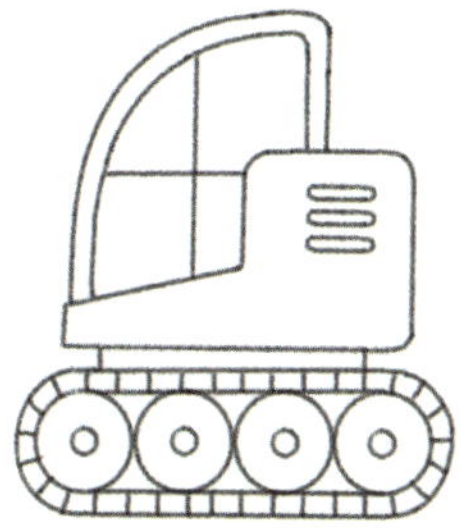

④ 창문을 그려요.

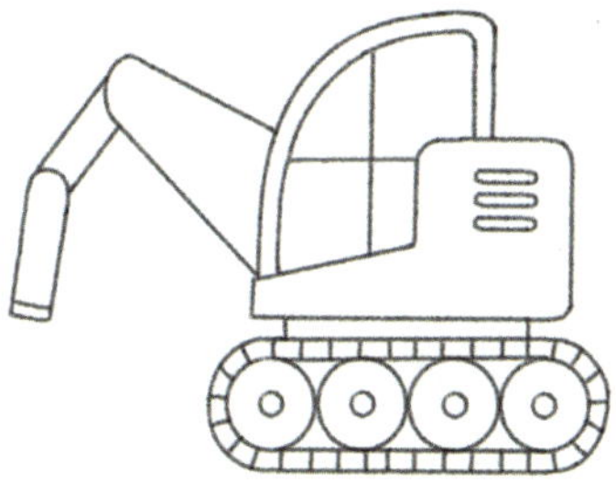

⑤ 삽을 움직이는
연결 마디를 그려요.

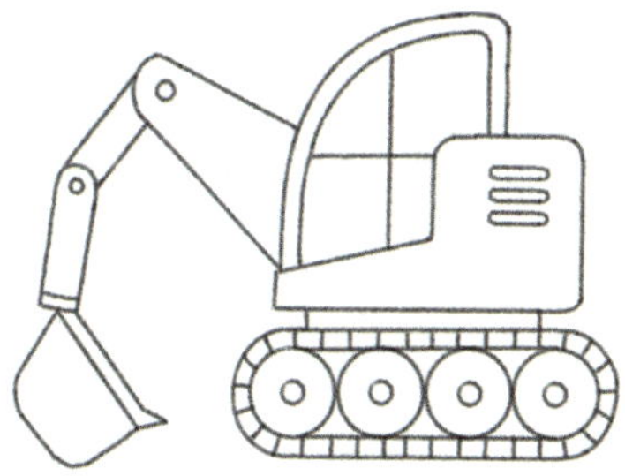

⑥ 네모난 삽 모양을 그리고
연결 마디마다 동그라미를 그려요.

완성

CHAPTER 05

지게차

지게차

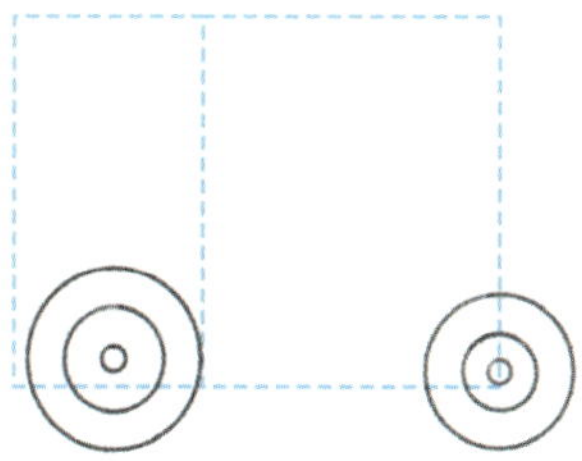

❶ 네모 모양 두 개를
떠올린 다음 바퀴를 그려요.

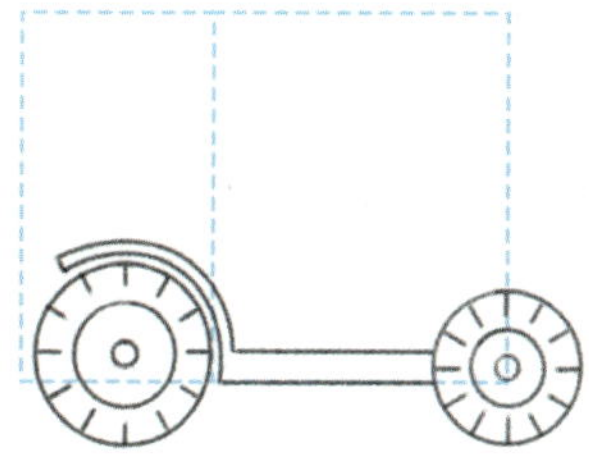

❷ 타이어 결을 그리고 앞바퀴에서
뒷바퀴까지 받침을 그려요.

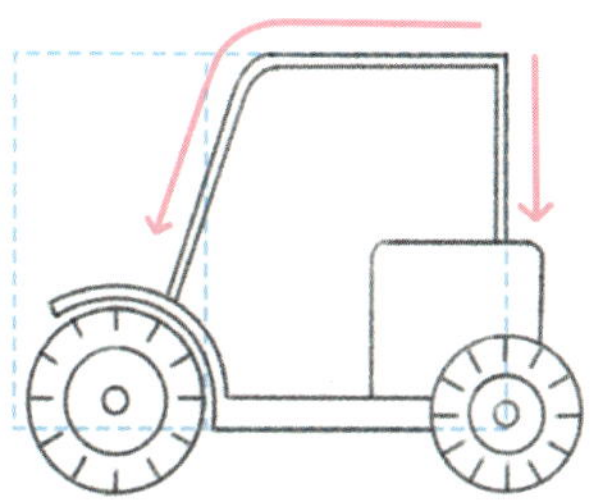

❸ 뒷바퀴에 네모를 그리고
차의 유리와 지붕을 연결하여 그려요.

❹ 긴 네모 기둥을 연결하여 그려요.

❺ 의자와 조작 레버,
운전대를 그려요.

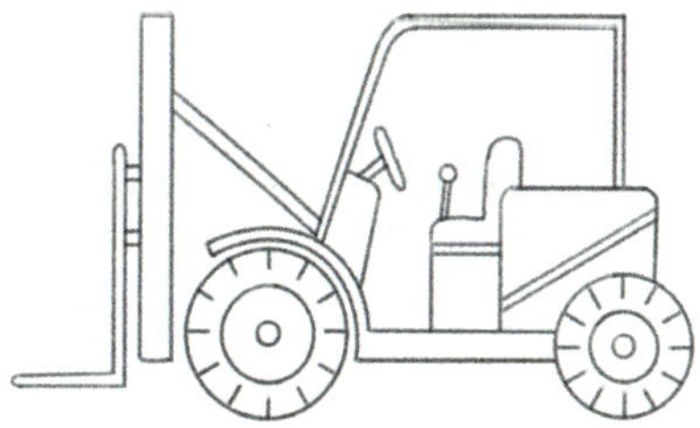

❻ 기둥 앞에 짐을 들어 올리는
포크를 그려요.

완성

CHAPTER 06

레미콘

레미콘

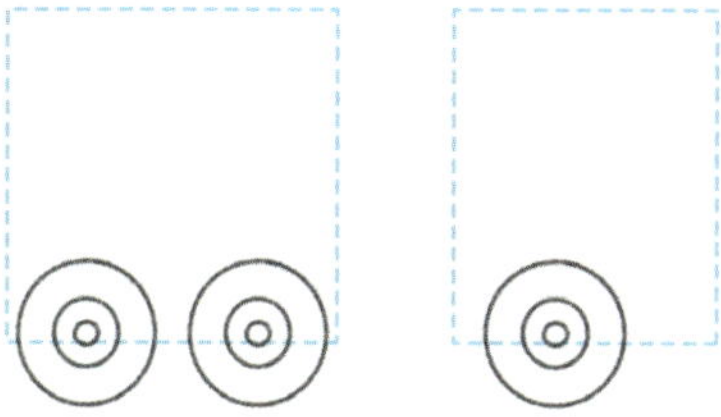

❶ 네모 모양 두 개를 떠올린 다음
바퀴를 그려요.

❷ 타이어 곁을 그리고 뒷바퀴
위에 받침과 차의 앞부분을 그려요.

❸ 창문과 손잡이, 앞 범퍼에
모양을 그려요.

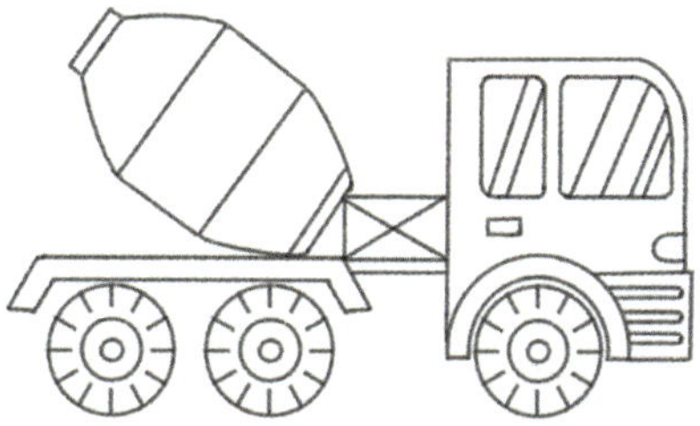

❹ 레미콘을 담는 통을 그려요.

❺ 통 끝에 세모를 그려요.

❻ 비스듬한 네모를 그리고
시멘트가 나오는 통로를 그려요.

완성

CHAPTER 07

환경미화차

환경미화차

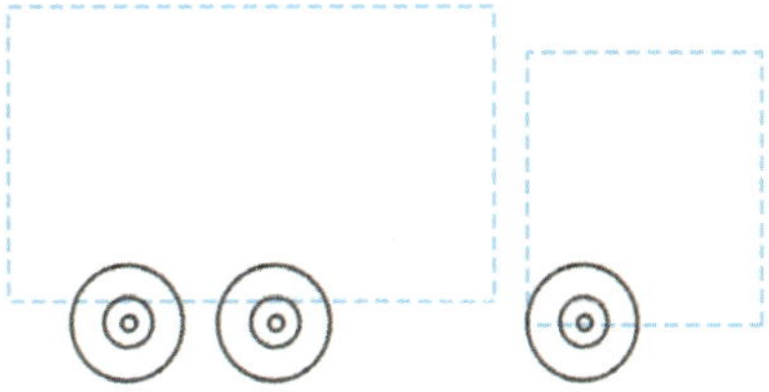

❶ 네모 모양 두 개를 떠올린 다음 바퀴를 그려요.

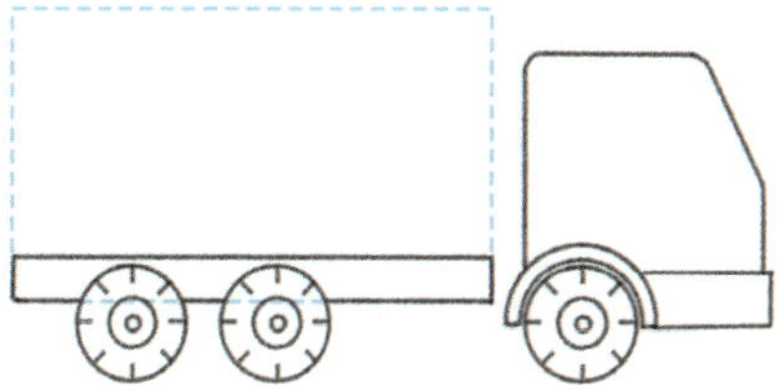

❷ 타이어 결을 그리고 차의 받침과 앞부분을 그려요.

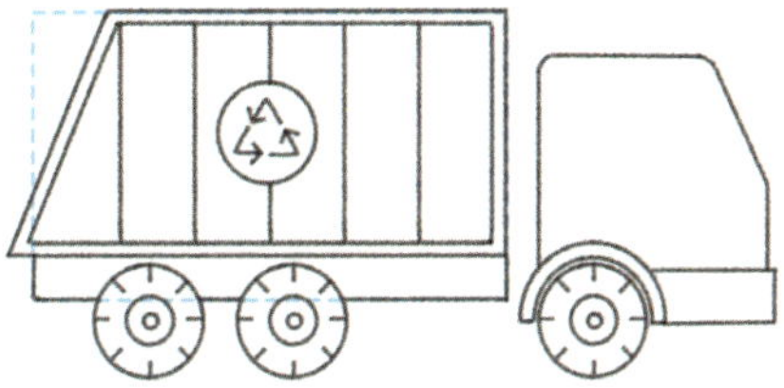

❸ 받침 위에 큰 네모 박스를 그리고 재활용 마크와 세로 칸을 그려요.

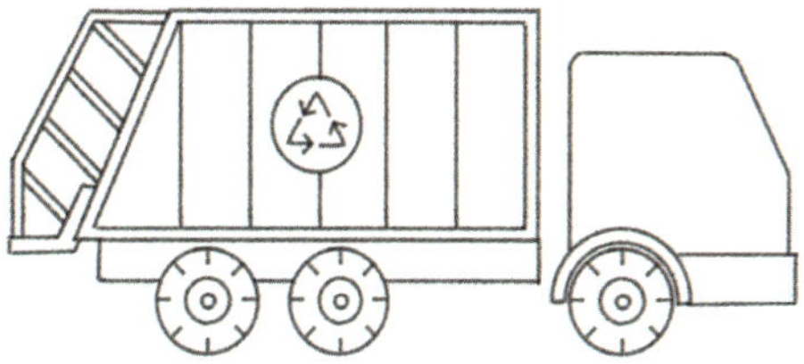

❹ 투입구를 그려요.

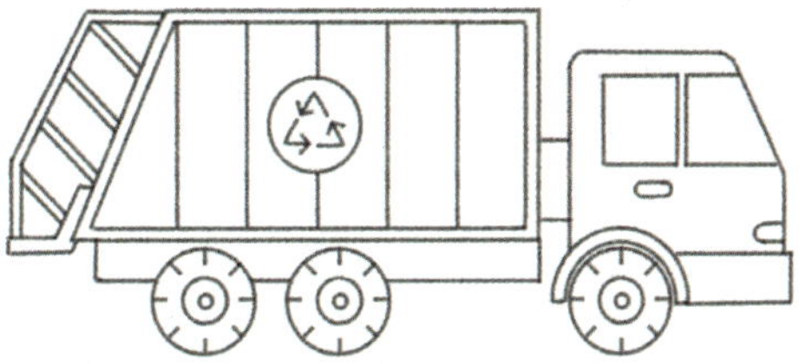

❺ 차의 앞부분과 뒷부분을 이어 주고 창문과 손잡이, 등을 그려요.

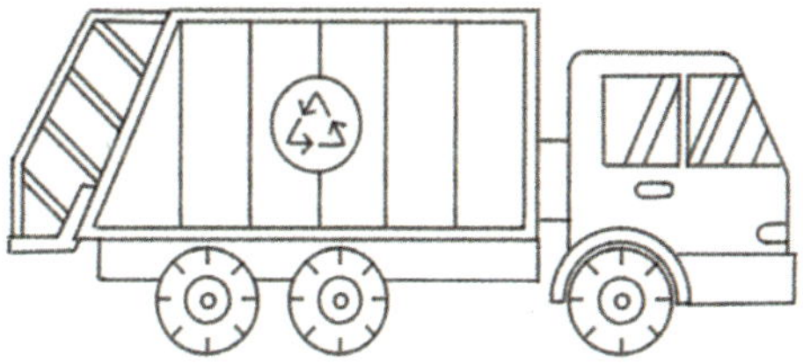

❻ 창문의 광택을 그려요.

완성

CHAPTER 08

경찰차

경찰차

❶ 네모 모양을 떠올린 다음
바퀴를 그려요.

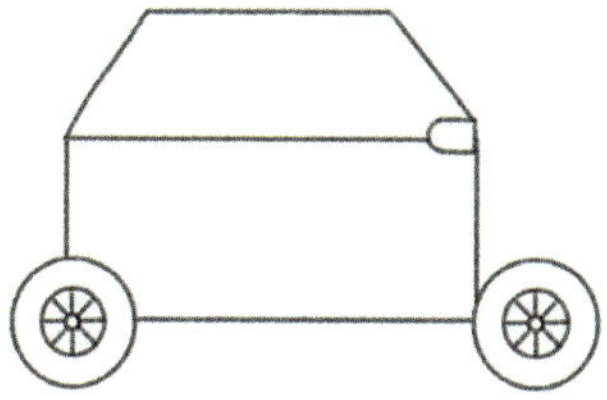

❷ 바퀴 휠을 그리고
자동차의 중간 부분을 그려요.

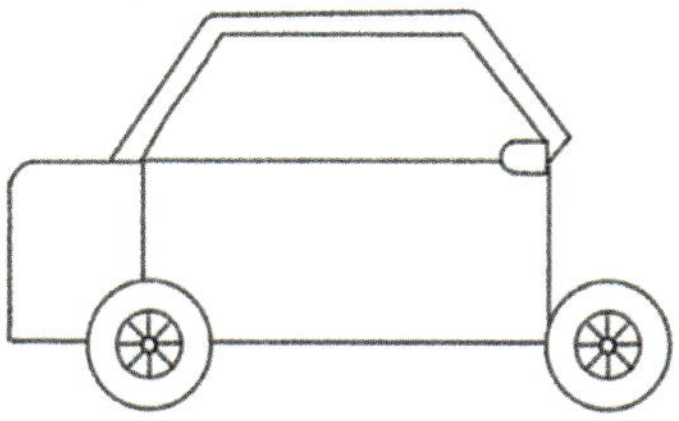

❸ 바퀴 뒤쪽에 네모를 그리고
위 뚜껑인 지붕을 그려요.

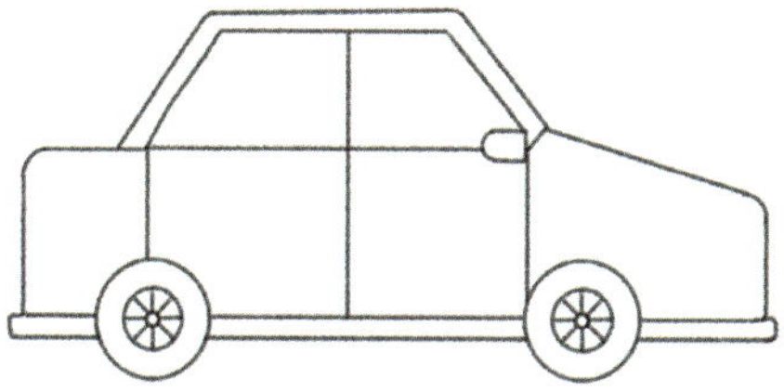

❹ 차의 앞부분을 그리고
문을 만드는 선과 아래 받침을 그려요.

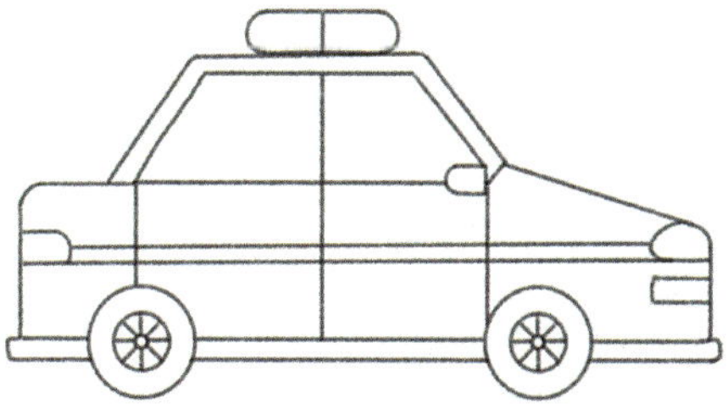

❺ 앞쪽과 뒤쪽의 등을 긴 네모
로 연결하고 지붕 위에 경광등을
그려요.

❻ 창문에 광택을 그리고 차문 옆에
영어로 경찰(POLICE)을 적어요.

완성

CHAPTER 09

구급차

구급차

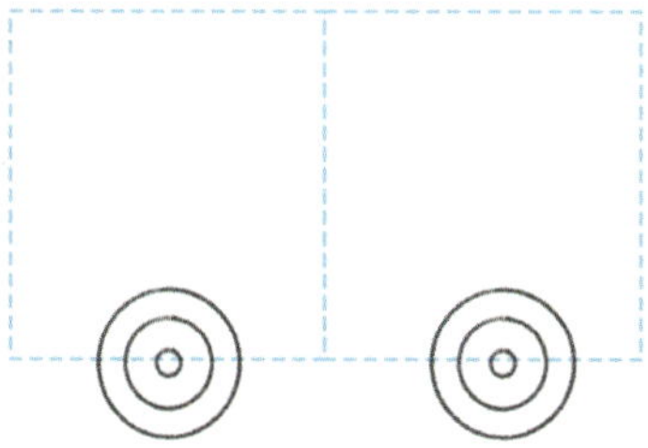

1 네모 모양 두 개를 떠올린 다음 바퀴를 그려요.

2 바퀴 휠을 그리고 받침대를 길게 그려요.

3 네모를 따라 차 모양을 그려요.

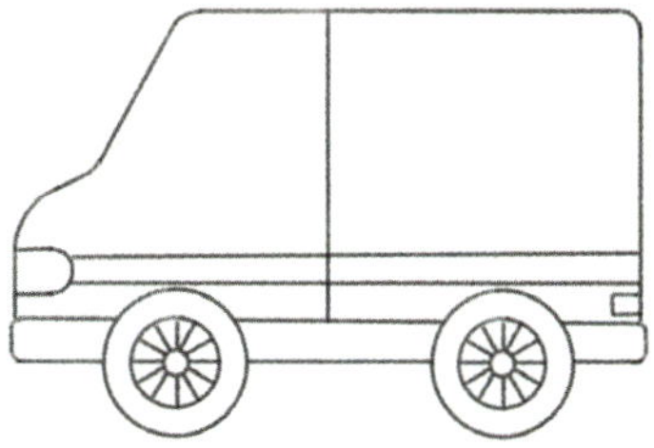

4 등을 그리고 차 옆에 긴 네모를 그려요.

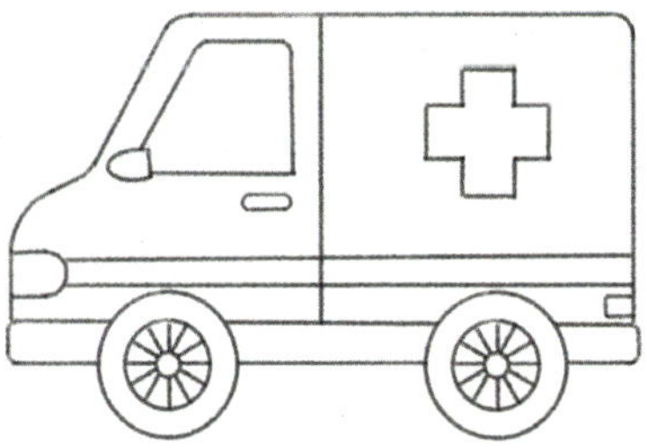

5 앞칸에 창문과 손잡이를 그리고 뒤쪽 칸에 십자가 모양을 그려요.

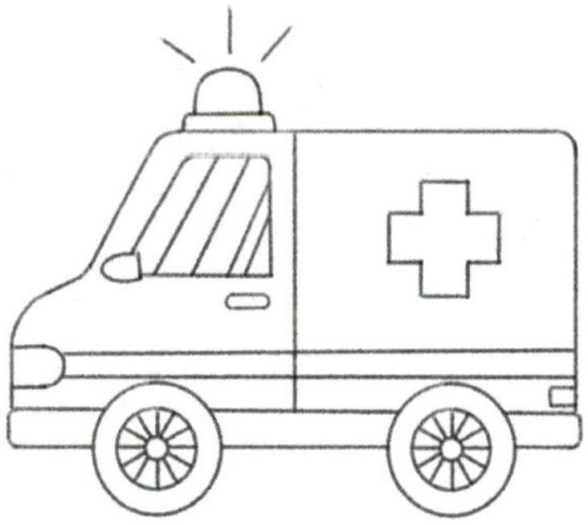

6 창문의 광택을 그리고 사이렌을 그려요.

완성

CHAPTER 10

소방차

소방차

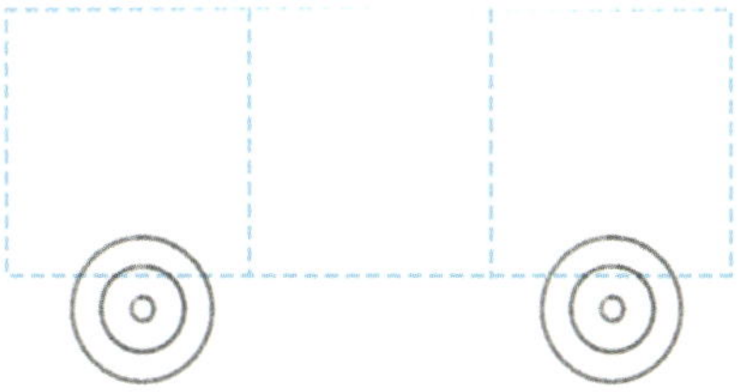

❶ 네모 모양 세 개를 떠올린 다음 바퀴를 그려요.

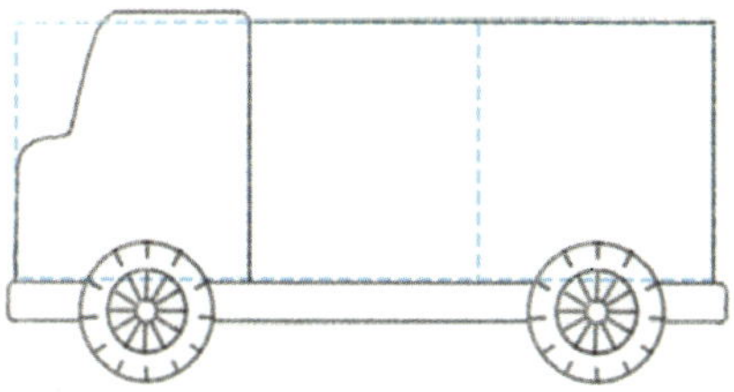

❷ 타이어 결을 그리고 받침대 위에 네모를 따라 차 모양을 그려요.

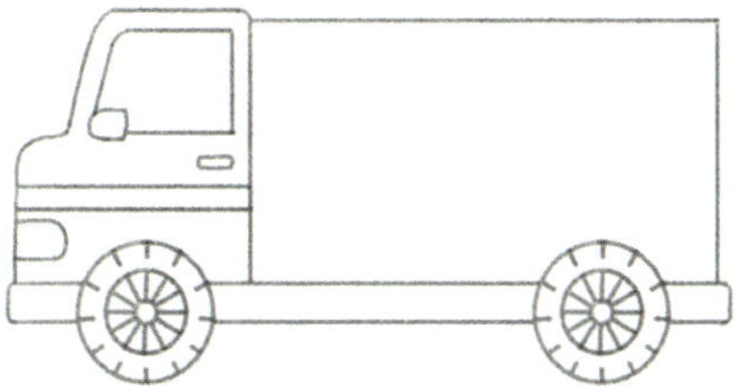

❸ 창문과 손잡이, 등을 그려요.

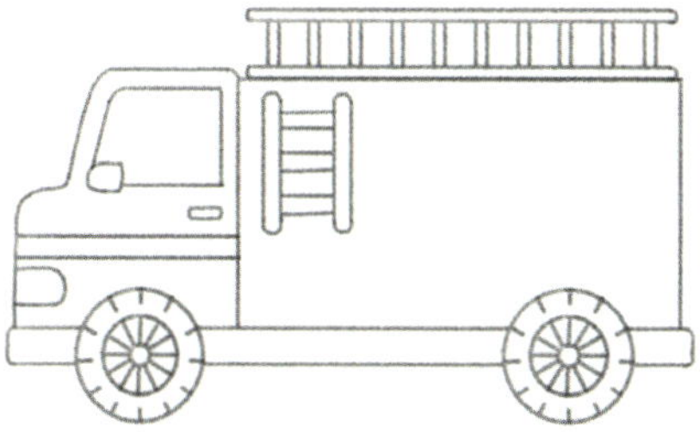

❹ 차 위에 긴 사다리를 그리고 차 옆에 짧은 사다리를 그려요.

❺ 차 옆에 네모를 그리고 빙글빙글 돌아간 곡선으로 호스를 그려요.

❻ 창문 광택과 사이렌을 그리고 긴 네모 선 아래에 119를 적어요.

완성

CHAPTER 11

버스

버스

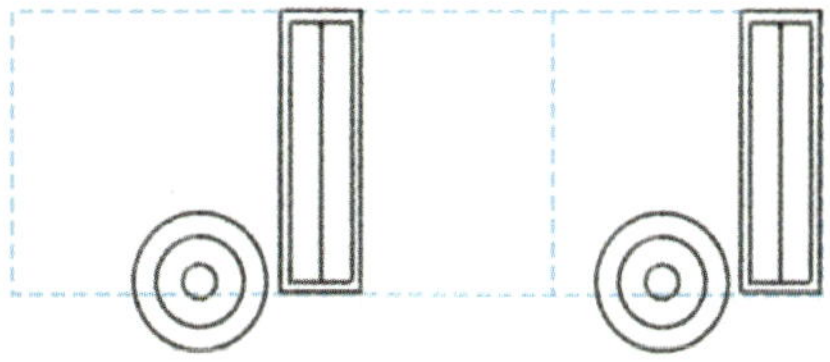

❶ 네모 모양 세 개를 떠올린 다음
문 두개와 바퀴를 그려요.

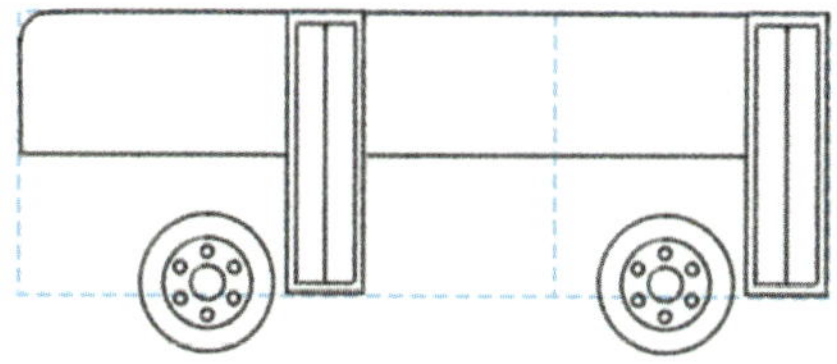

❷ 바퀴 휠을 그리고 네모를 따라
창문을 그려요.

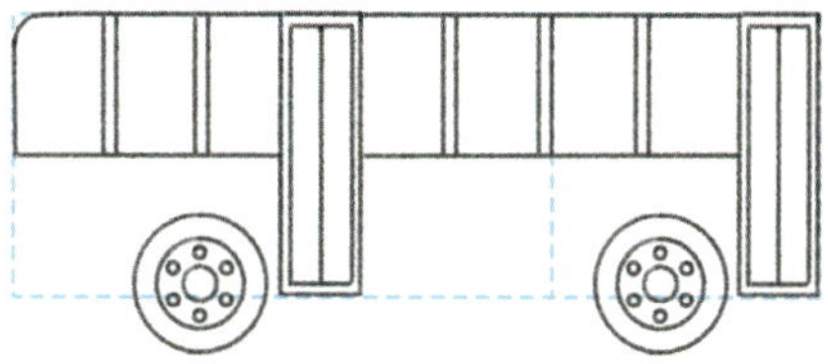

❸ 창문의 칸을 나눠요.

❹ 전체를 감싸며 긴 네모를 그려요.

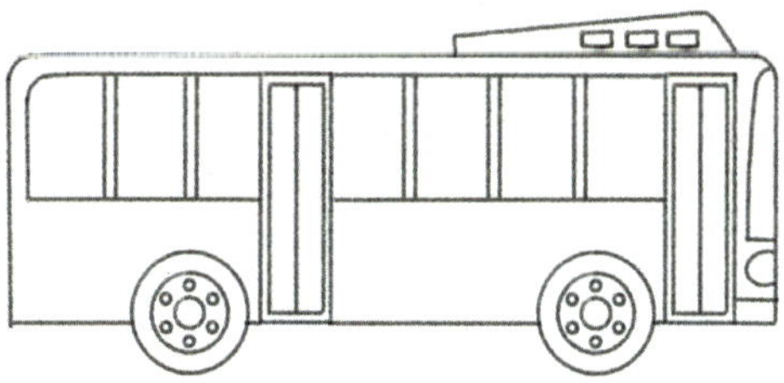

❺ 지붕과 앞 유리와
등을 그려요.

❻ 옆면에 네모를 그리고 창문 앞에
보조 미러를 그려요.

완성

CHAPTER 12

자전거

자전거

❶ 동그라미 모양 세 개를 떠올린 다음 동그라미와 페달을 그려요.

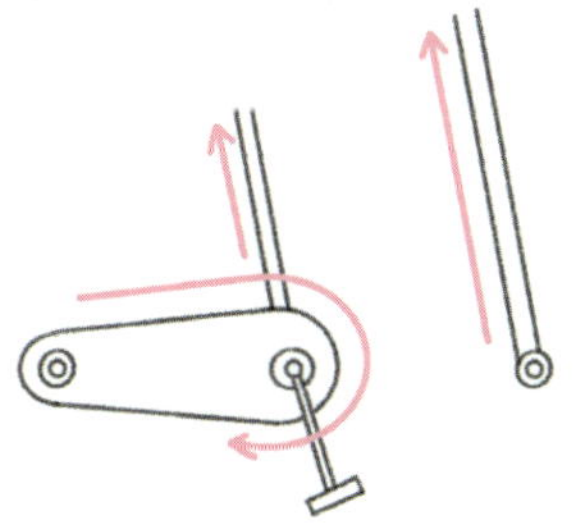

❷ 뒤쪽 두 동그라미를 감싸는 곡선을 그리고 앞쪽 두 동그라미에 긴 막대를 그려요.

❸ 안장과 핸들을 그려요.

❹ 자전거 앞에 안전 등을 그리고 뒤쪽 두 동그라미에서 앞쪽 기둥까지 긴 막대를 그려요.

❺ 큰 동그라미로 바퀴를 그려요.

❻ 바퀴 휠을 그려요.

완성

CHAPTER 13

오토바이

오토바이

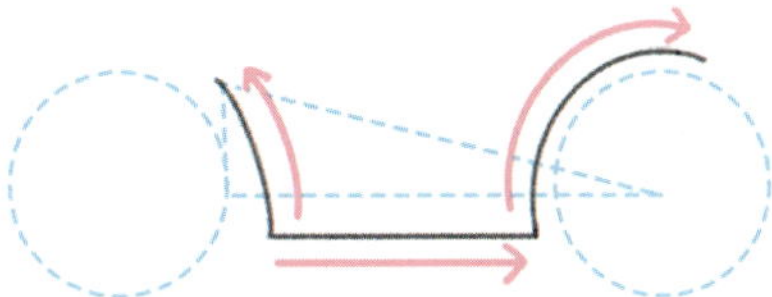

❶ 동그라미 모양 두 개와
세모 모양 한 개를 떠올린 다음
동그라미 사이에 받침을 그려요.

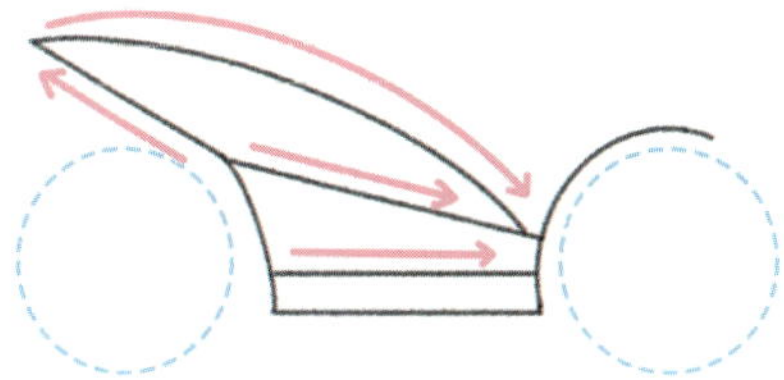

❷ 세모 모양을 따라
선을 그리면서 좌석 받침을 그려요.

❸ 오토바이 앞부분을 그려요.

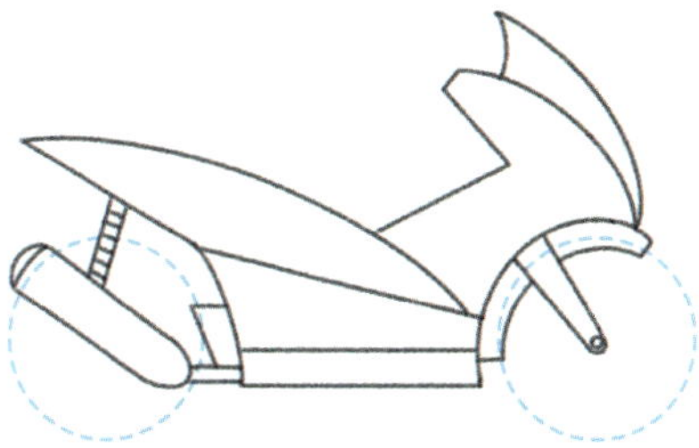

❹ 앞바퀴 연결 부위와 뒷바퀴
부위에 배기통을 그려요.

❺ 차체의 모양 선을 추가하여
그리고 좌석과 핸들을 그려요.

❻ 바퀴를 그려요.

완성

CHAPTER 14

로켓

로켓

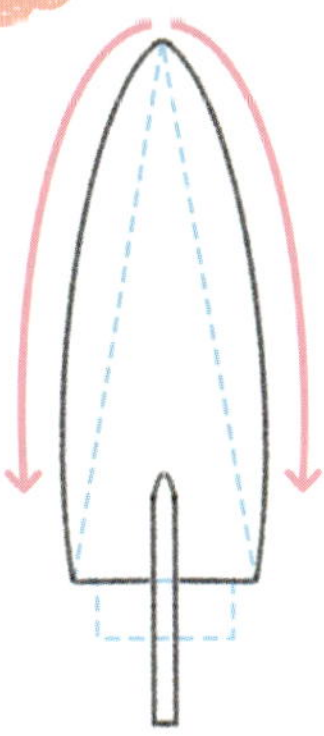

1 세모 모양과 네모 모양을 떠올린 다음 로켓 앞부분 모양을 그려 보아요.

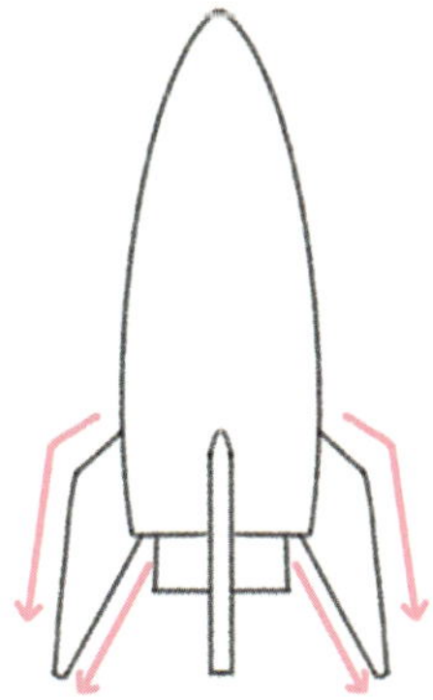

2 양쪽 옆에 로켓의 날개를 그리고 가운데 작은 네모를 그려요.

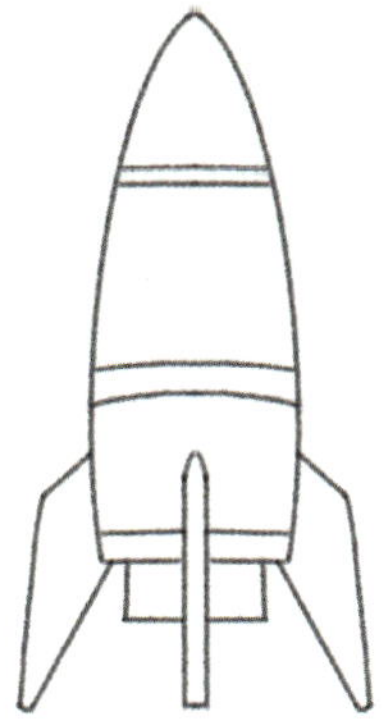

3 로켓의 몸체를 선으로 나눠요.

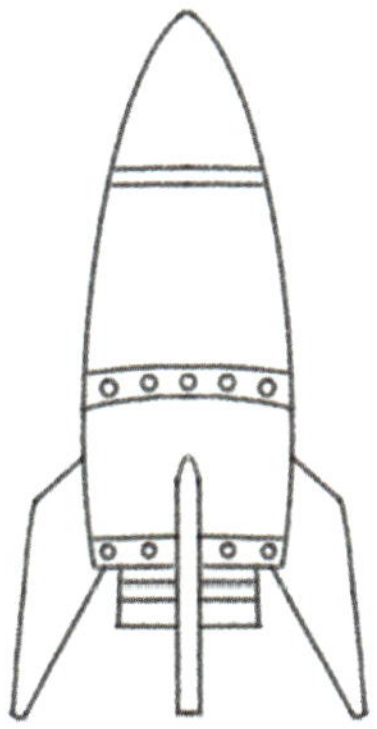

4 동그라미와 줄무늬를 그려요.

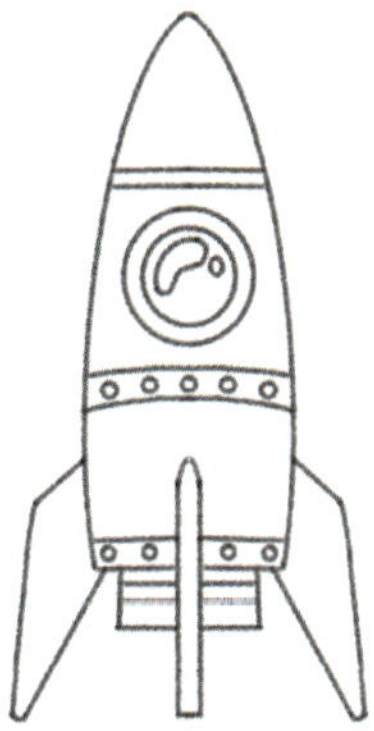

5 동그란 창문을 그려요.

6 불꽃과 연기를 그려요.

완성

CHAPTER 15

비행기

비행기

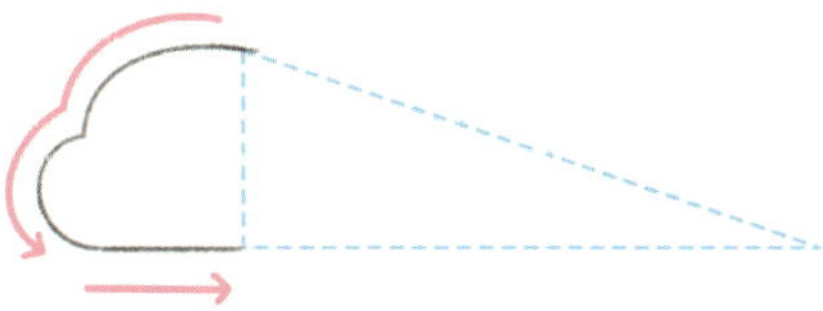

1 세모 모양을 떠올린 다음
둥근 곡선으로 비행기 머리를 그려요.

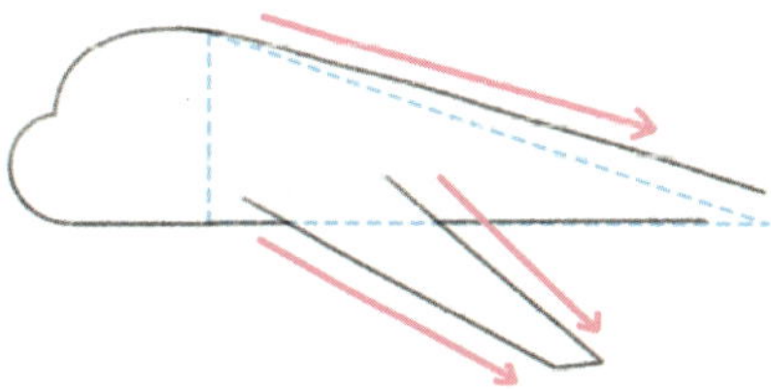

2 세모 모양을 따라
몸체와 날개를 그려요.

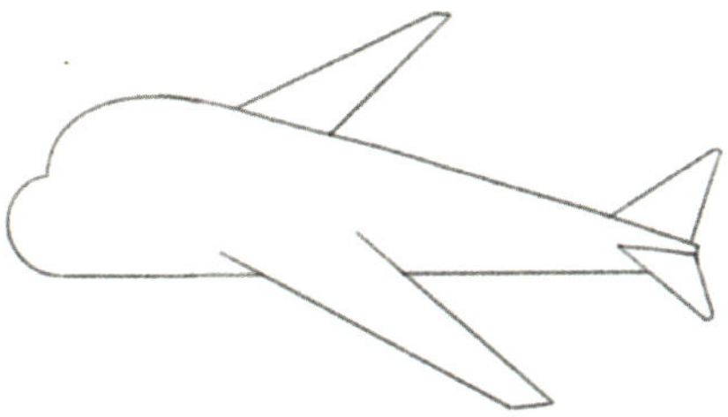

3 꼬리를 그리고
반대편 날개를 그려요.

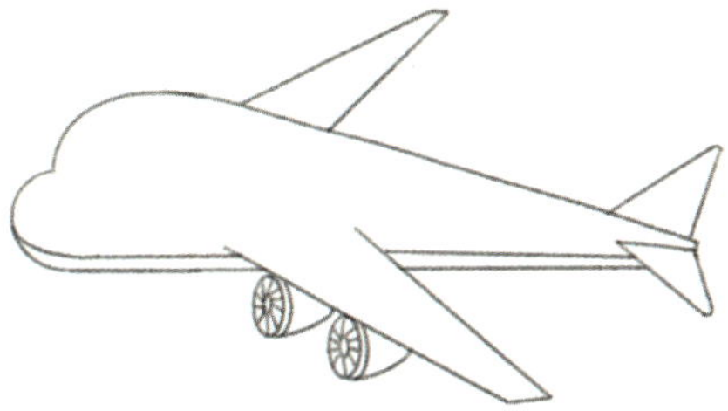

4 비행기 날개 아래에
엔진을 그려요.

5 창문을 그려요.

6 날개와 꼬리에 모양
선을 그리고 주변에 구름을 그려요.

완성

CHAPTER 16

헬리콥터

헬리콥터

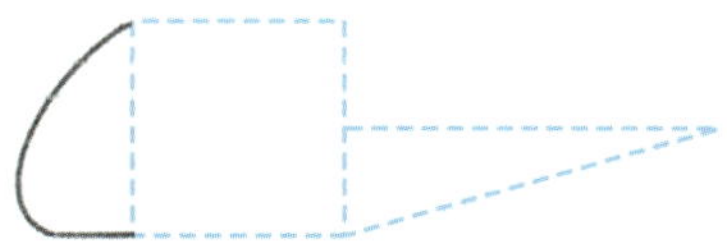

❶ 네모 모양과 세모 모양을 떠올린 다음 둥근 곡선으로 헬리콥터 머리를 그려요.

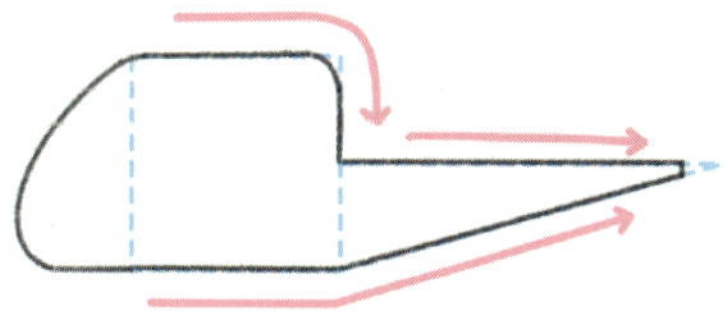

❷ 네모와 세모 모양을 따라 몸체를 그려요.

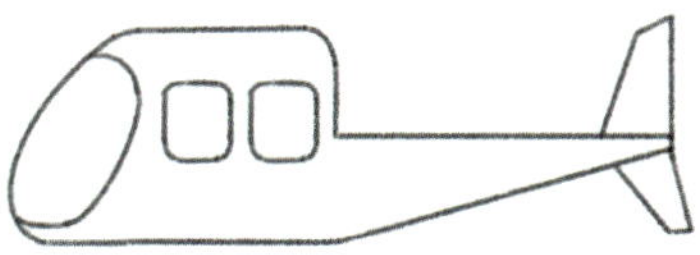

❸ 꼬리와 창문을 그려요.

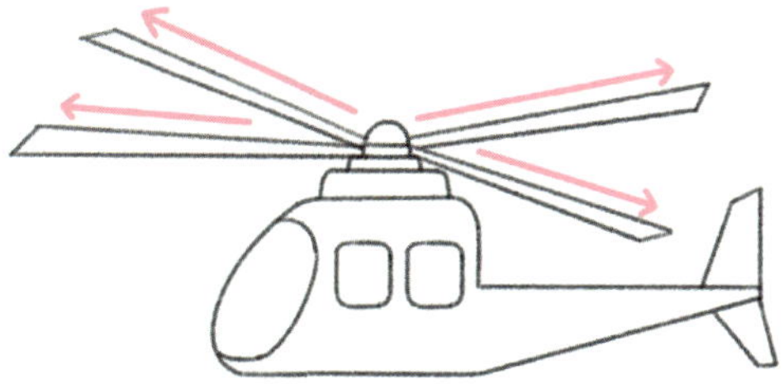

❹ 프로펠러를 그려요.

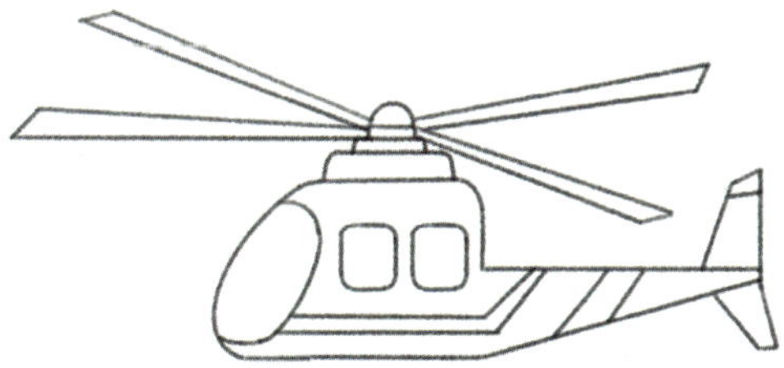

❺ 헬리콥터에 모양 선을 그려요.

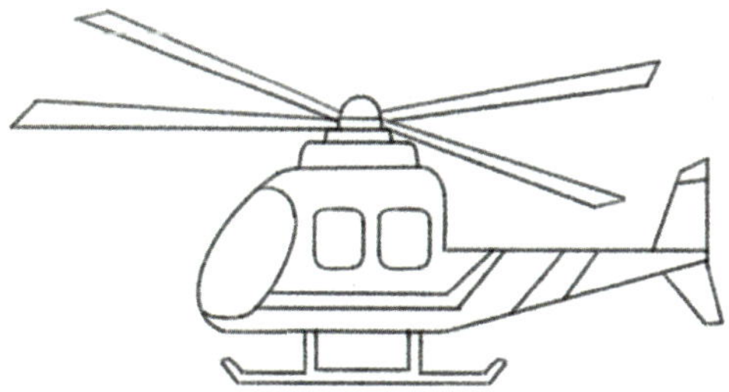

❻ 헬리콥터의 아랫부분 스키드를 그려요.

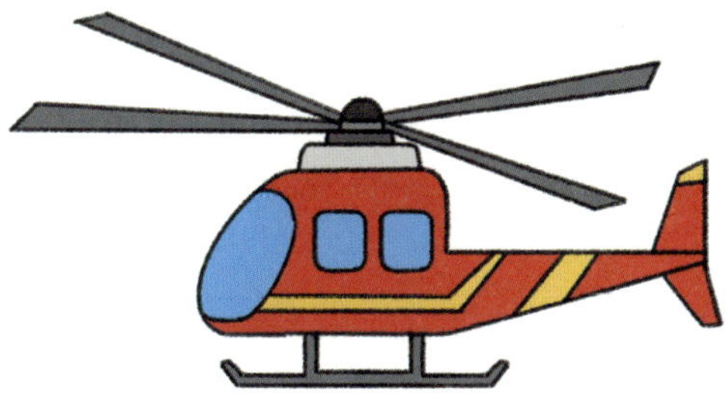

완성

CHAPTER 17

배

배

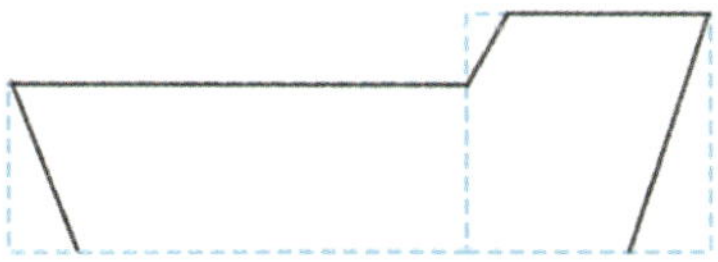

1. 네모 모양 두 개를 떠올린 다음 선체를 그려요.

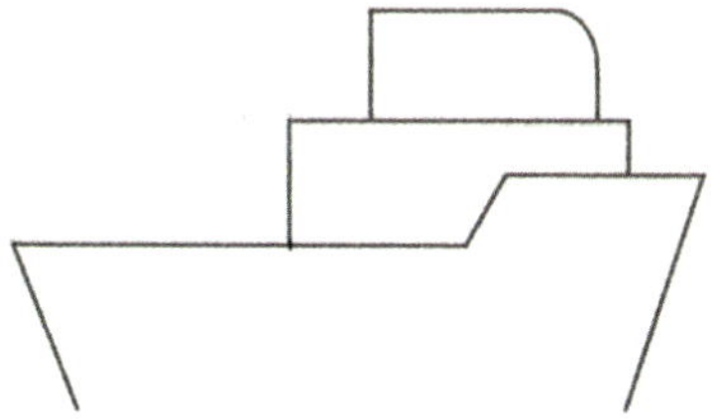

2. 선체 위에 네모 두 개를 그려요.

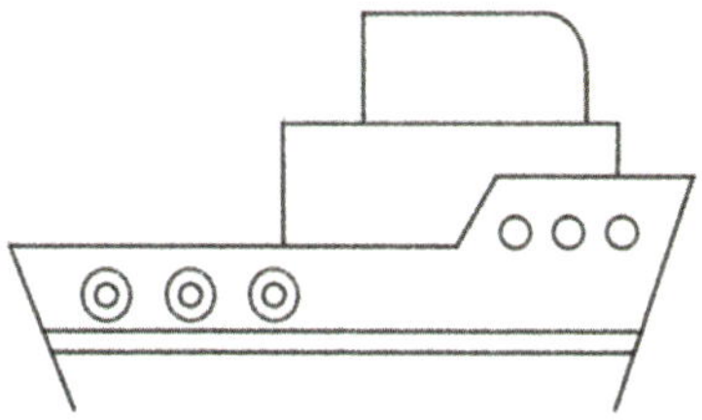

3. 가장 아래 선체에 긴 네모를 그리고 동그란 창문을 그려요.

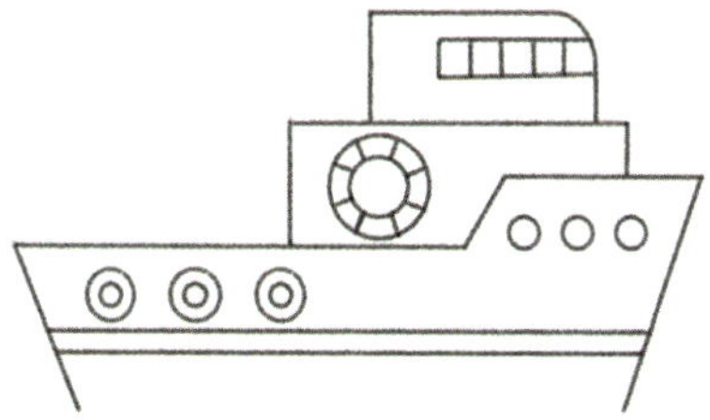

4. 구명 튜브를 그리고 위층에 네모난 창문을 그려요.

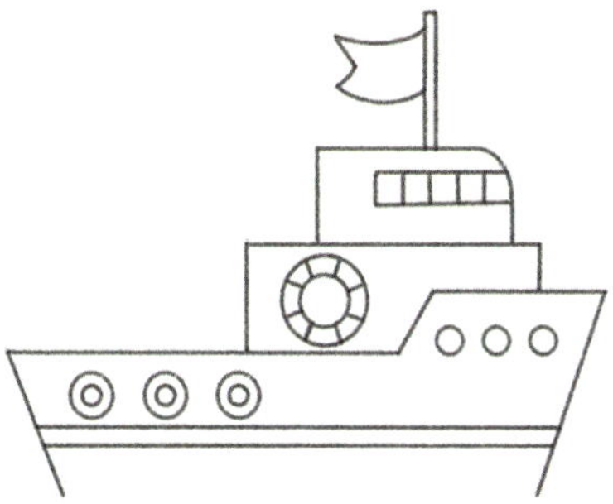

5. 깃발을 그려요.

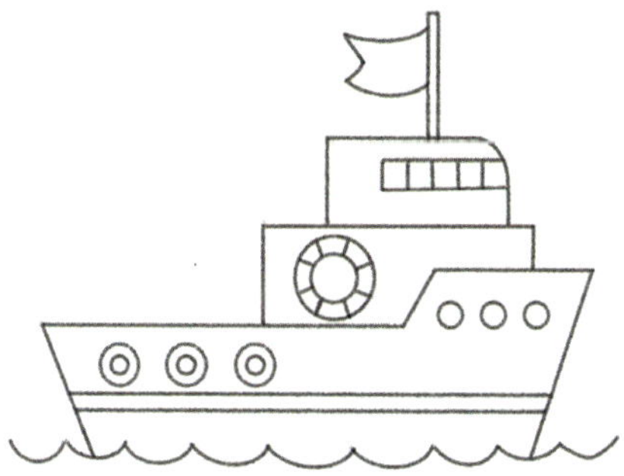

6. 파도를 그려요.

완성

01 여자아이
02 남자아이
03 아빠
04 엄마
05 아기
06 할아버지
07 할머니
08 산타
09 천사
10 공주
11 왕자

PART. 6

인물

CHAPTER 01

여자아이

여자아이

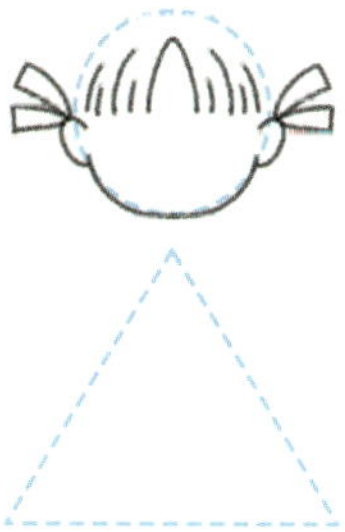

1 동그라미 모양과 세모 모양을 떠올린 다음 얼굴과 앞머리를 그리고 귀 옆에 리본을 그려요.

2 양 갈래로 땋은 머리카락을 그리고 목 아래 카라를 그려요.

3 세모 모양을 따라 원피스를 그려요.

4 옷소매와 팔을 그려요.

5 다리를 그리고 신발과 양말을 그려요.

6 얼굴을 그려요.

완성

CHAPTER 02

남자아이

남자아이

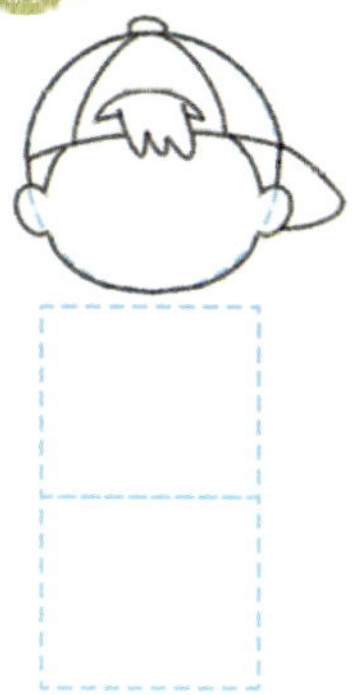

❶ 동그라미 모양 한 개와
네모 모양 두 개를 떠올린 다음
모자 쓴 얼굴 모양을 그려요.

❷ 네모 모양을 따라
티셔츠를 그려요.

❸ 네모 모양을 따라
바지를 그려요.

❹ 팔을 그려요.

❺ 다리를 그리고 신발과 양말을
그려요.

❻ 얼굴을 그려요.

완성

CHAPTER 03

아빠

아빠

❶ 동그라미 모양 한 개와
네모 모양 두 개를 떠올린 다음
얼굴 모양과 머리카락을 그려요.

❷ 네모 모양을 따라 셔츠와
넥타이를 그려요.

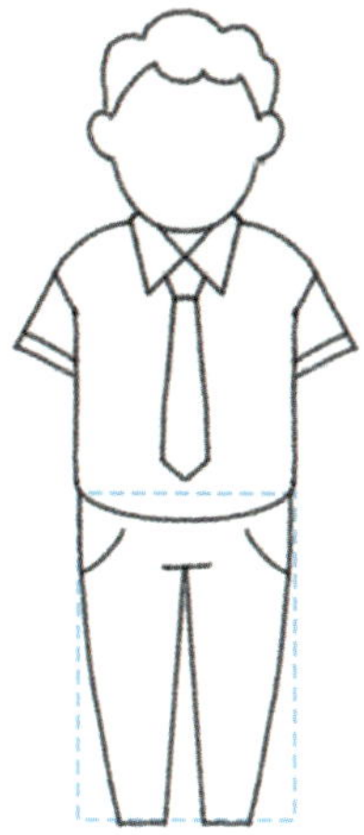

❸ 네모 모양을 따라
바지를 그려요.

❹ 팔을 그려요.

❺ 신발을 그려요.

❻ 얼굴을 그려요.

완성

CHAPTER 04

엄마

엄마

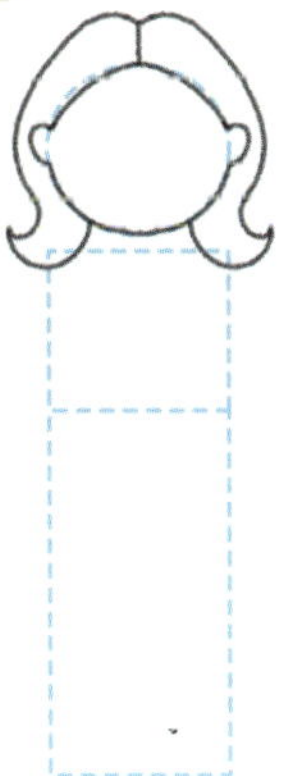

❶ 동그라미 모양 한 개와
네모 모양 두 개를 떠올린 다음
얼굴 모양과 머리카락을 그려요.

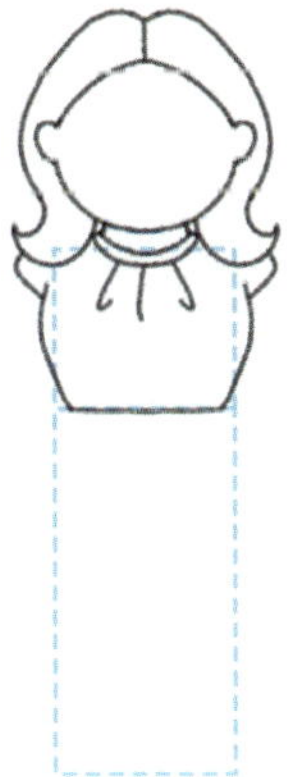

❷ 네모 모양을 따라
티셔츠를 그려요.

❸ 네모 모양을 따라
치마를 그려요.

❹ 팔을 그리고
핸드백을 그려요.

❺ 다리와 신발을 그려요.

❻ 얼굴을 그려요.

완성

CHAPTER 05

아기

아기

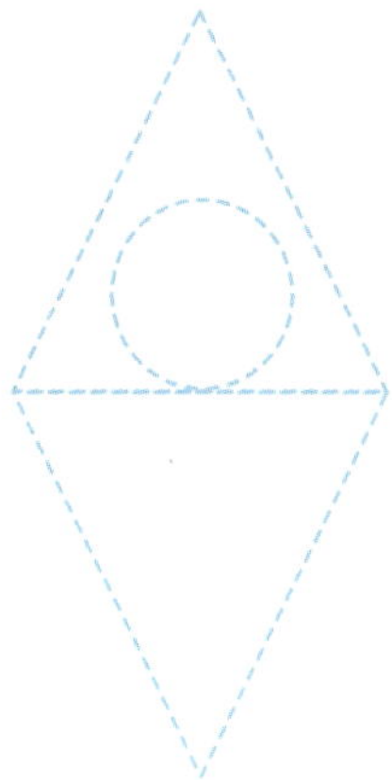

❶ 동그라미 모양 한 개와
세모 모양 두 개를 떠올려 보아요.

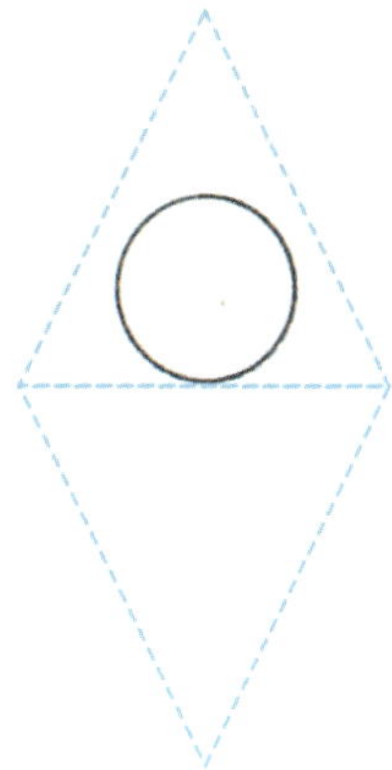

❷ 동그라미를 그려요.

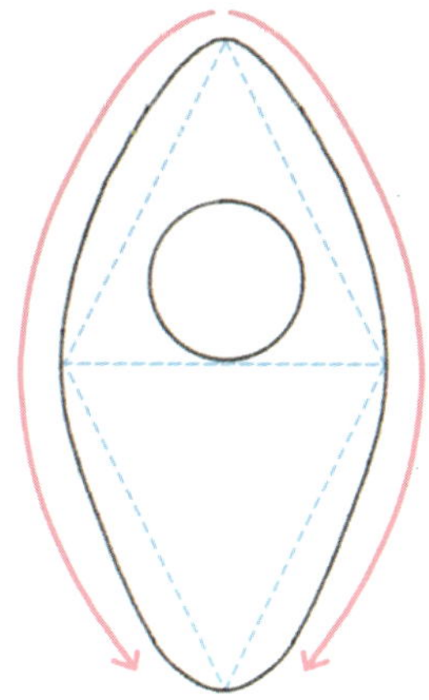

❸ 세모 두 개를 둥근 곡선으로
감싸듯 그려요.

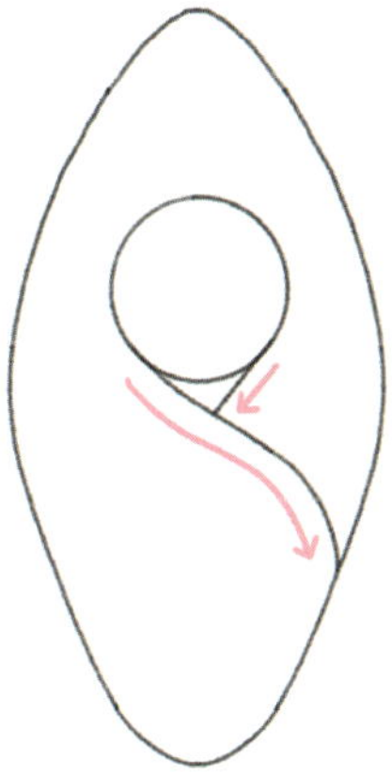

❹ 얼굴 아래에 이불이
양쪽으로 감싸지도록
곡선을 그려요.

❺ 얼굴을 그려요.

❻ 이불에 무늬를 그려요.

완성

CHAPTER 06

할아버지

할아버지

① 동그라미 모양 한 개와 네모 모양 두 개를 떠올린 다음 얼굴 모양과 머리카락을 그려요.

② 옷의 카라를 그리고 네모 모양을 따라 팔 곡선과 지팡이 잡은 손을 그려요.

③ 카디건의 단추와 주머니를 그려요.

④ 네모 모양을 따라 바지를 그리고 나머지 손을 그려요.

⑤ 신발을 그려요.

⑥ 얼굴을 그려요.

완성

CHAPTER 07

할머니

할머니

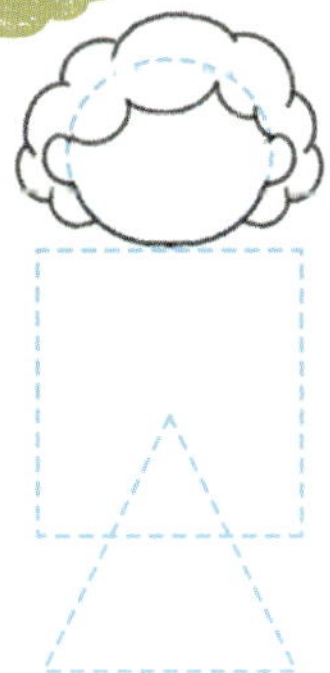

❶ 동그라미 모양, 네모 모양,
세모 모양을 떠올린 다음 얼굴 모양과
머리카락을 그려요.

❷ 목 아래 스카프를 그리고
네모 모양을 따라 팔 곡선을 그려요.

❸ 손과 카디건을 그리고
세모 모양을 따라 치마를 그려요.

❹ 카디건의 주머니와
소매 주름을 그리고
치마 주름을 그려요.

❺ 다리와 신발을 그려요.

❻ 얼굴을 그려요.

완성

CHAPTER 08

산타

신타

1 동그라미 모양 한 개와
네모 모양 두 개를 떠올린 다음
얼굴 모양과 수염을 그려요.

2 뾰족한 모자를 그리고
자루를 잡고 있는 팔과
옆으로 뻗은 팔을 그려요.

3 네모 모양을 따라
상의 산타복을 그려요.

4 네모 모양을 따라
바지를 그려요.

5 장화를 그려요.

6 팔 옆에 동그란 큰 자루를
그리고 얼굴을 그려요.

완성

CHAPTER 09

천사

천사

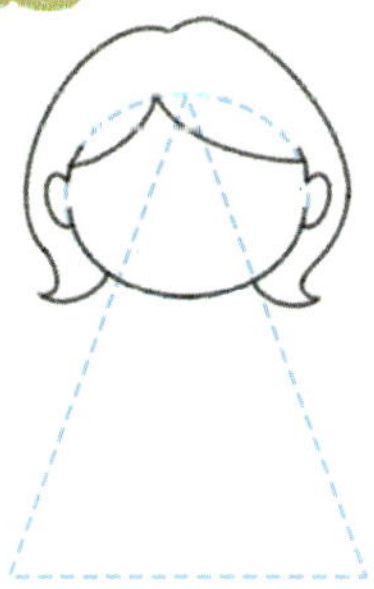

❶ 동그라미 모양과
세모 모양을 떠올린 다음
얼굴 모양과 머리카락을 그려요.

❷ 목 아래에 레이스를
그리고 세모 모양을 따라
원피스를 그려요.

❸ 손과 발을 그려요.

❹ 별 모양이 달린
막대를 그려요.

❺ 날개를 그리고
머리 위에 동그란 링을 그려요.

❻ 얼굴을 그려요.

완성

CHAPTER 10

공주

공주

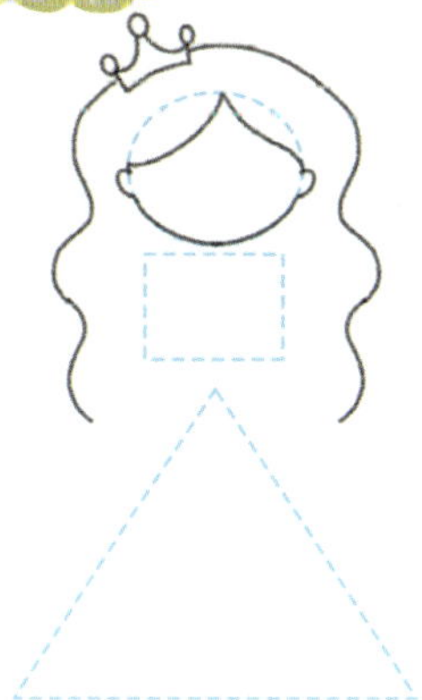

❶ 동그라미 모양, 네모 모양, 세모 모양을 떠올린 다음 얼굴 모양과 왕관 쓴 머리카락을 그려요.

❷ 네모 모양을 따라 원피스 상의를 그려요.

❸ 봉긋한 소매를 그려요.

❹ 세모 모양을 따라 풍성한 치마를 그려요.

❺ 소매와 치마에 주름을 그리고 팔을 그려요.

❻ 귀걸이와 목걸이를 그리고 얼굴을 그려요.

완성

CHAPTER 11

왕자

왕자

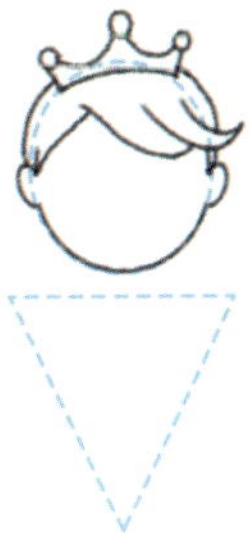

❶ 동그라미 모양과 세모 모양을 떠올린 다음 얼굴 모양과 왕관 쓴 머리카락을 그려요.

❷ 세모 모양을 따라 상의를 그리고 허리띠를 그려요.

❸ 상의 중심을 따라 테두리를 그리고 팔을 그려요.

❹ 바지를 무릎까지 그려요.

❺ 장화를 그려요.

❻ 망토와 얼굴을 그려요.

완성

이 책은 누구나 금세 따라 그릴 수 있는
간단한 그림들로 구성되어 있습니다.
어렵지 않게 응용도 할 수 있도록 구성했어요.
완벽하지 않아도 괜찮습니다.
천천히 한 장씩 따라 그리다 보면, 어느새
그림이 여러분의 일상에 작은 즐거움이
되어줄 거예요. 아이들과 함께 웃으며 그리는
시간이 되길 진심으로 바랍니다.

- 랄라제이-

119
POLICE